自宅玄関で。

上／セリフは必ず手書きして覚える。一人芝居「バリモア」では、半紙約１８０枚に及んだ。
左／先生でありライバルであり。塾生たちと過ごす無名塾の稽古場は切磋琢磨、修業の場だ。

いよいよ幕が上がる。高揚する気持ちと裏腹に、楽屋は静謐だ。

稽古場では脚本・演出家だった亡き妻・宮崎恭子が見守っている。

上／夫婦二人三脚でつくった無名塾。入り口には熱き思いを刻んだ陶板が。
右／無名塾が発足して間もない頃、塾生たちと（昭和54年撮影）。中央に仲代さん、その手前に恭子さん。
下／俳優業の合間に大好きな草野球も。応援に来る恭子さんの手作り弁当は仲代さんと仲間の楽しみだった。

福岡の公演にはいつも福岡市民劇場(鑑賞団体)の会員の方々が手作り料理を届けてくれる。

イエール大学での主演映画上映会と意見交換会。終了後も学生に囲まれて演劇論に花が咲く。

上／塾生が開いてくれた手作りの誕生日パーティー。84歳をごく親しい人たちと和やかに過ごした。
右／2歳違いでシャンソン歌手の弟・圭吾さんとは、一度もけんかしたことがないという仲よし。

黒澤映画からのお付き合い、プロデューサーの野上照代さんからはすてきな色紙のプレゼント。

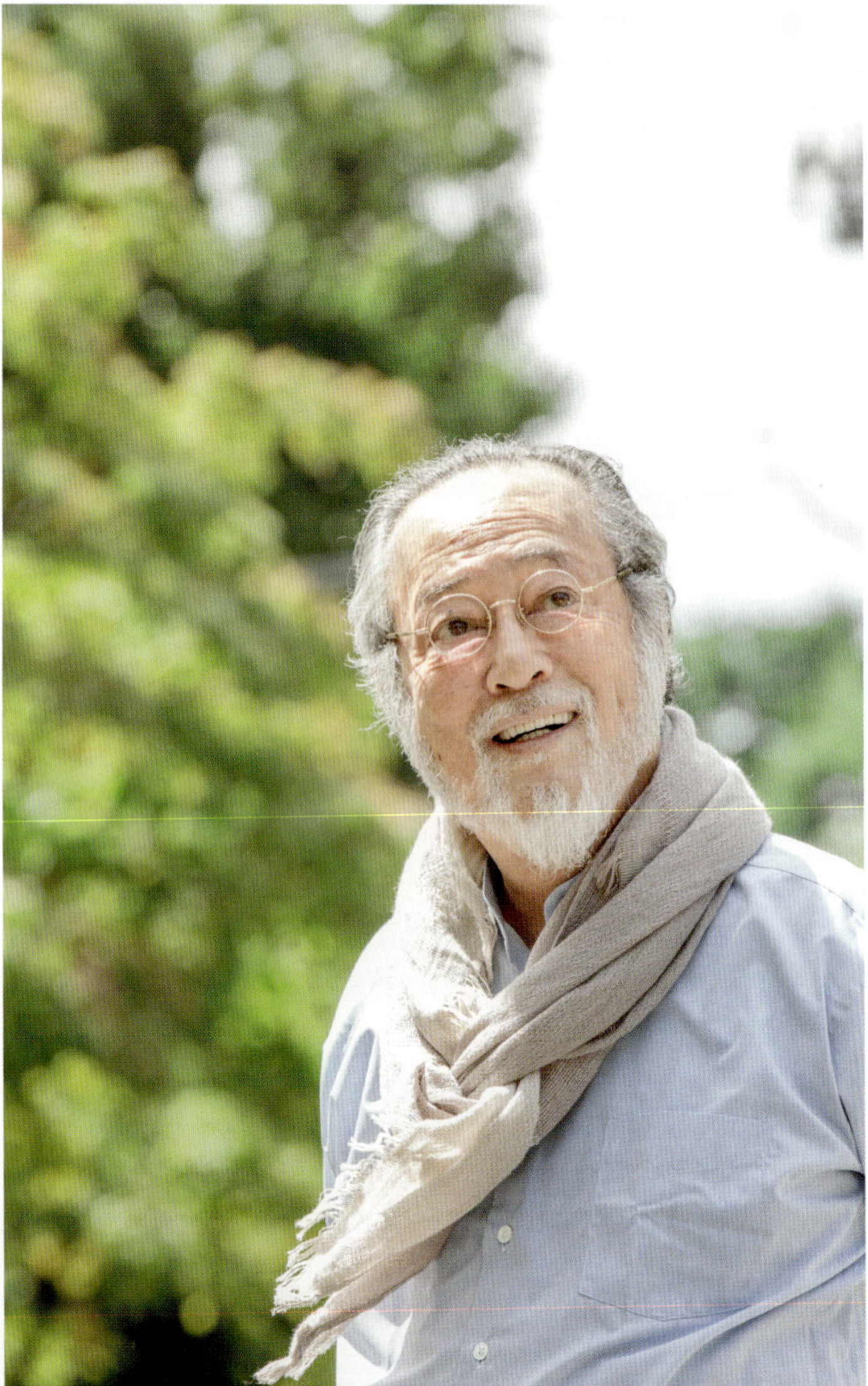

85歳、「頭の中には、次にやりたいことがもう浮かんでいる」

ここまで来たからもう一歩

からだひとつ

仲代達矢

ハルメク

やりたいことが、まだまだある

みなさん、こんにちは。俳優の仲代達矢《なかだいたつや》です。齢《よわい》重ねて85歳になりました。若い頃に比べるとセリフを覚えるのに10倍は時間がかかるし、体のあちこちが言うことを聞かないこともありますが、それでも年に何回かは舞台に立ち、映画に出演し、明日を担う若手俳優の育成に力を注いでいます。いやはや、後期高齢者になって久しいのに、何とも忙しい毎日です。

そんな私の日々の暮らしや思い、さまざまな出来事や思い出など、とっておきの話をお届けしようと、定期購読月刊誌「ハルメク」で、2015年4月から2018年の3月までエッセイを連載しました。おかげさまで、読者のみなさんから「意外な素顔」が見られたと喜んでいただきました（私はどんなふうに思われていたのでしょうか）。

タイトルは「からだひとつ」。俳優は自分のからだひとつを信じて立ち向かう一匹狼的な職業です。が、同時に、多くの人に支えられて初めて成り立つ仕事でもあります。22年前に65歳で亡くなった妻の宮崎《みやざき》恭子《やすこ》もその一人です。女優を辞めて私を支えてくれただけでなく、一緒に立ち上げた「無名塾《むめいじゅく》」に全身全霊を捧げてくれました。今私が生きているのは、妻の「仲代さん、頼みましたよ」というエールが胸にあるからです。

私は人生の最後まで、役者を全うしていく覚悟です。新劇界に、世の中に、尽くすことがまだあります。伝えたいことが残っています。

そのためにも、一日一日、ささやかでいい、冒険や挑戦を忘れず、楽しみながら生きていきたい。そう思っています。

もくじ

『からだひとつ　ここまで来たからもう一歩』　仲代達矢

この年になったら自分の気持ちに素直に、いい意味で「わがまま」だっていい。

面白そうなチャンスは何でも受け入れ、
ささやかな冒険を楽しみたい。

人間として品よく生きることも大事。
若い役者に、そう教えてきました。

自分の役割がよくわかってくる世代。果たすべき役割を全うすればいいのです。

「老骨に残りし花」を咲かせていく……192

この年になったら
自分の気持ちに素直に、
いい意味で
「わがまま」だっていい。

映画や舞台でご覧いただくことがメインの私ですので、
素の「仲代達矢」は、みなさんご存じないでしょう。
私が本当はどんな性分で、普段は何を考え、
何に影響を受けてきたのか、すべてお話しします。
さて、みなさんにどんな仲代達矢が見えてきますやら。

古くさく、人間くさく生きる

私はパソコンも携帯もメールも一切できません。一応、携帯電話は持っています。でも、これはたまたまかかってきた電話に、たまたま出るだけ。普段持ち歩かないし、3日くらい寝床に置き忘れることもありましたから、直接電話に出ることはまずありません。私へのメッセージは周囲にかかってくる電話で十分伝わります。つまり、携帯がなくても何の不自由もないのです。

人とはできるだけ面と向かって会話をしたいものです。特に役者の仕事は会話で成り立つものですから、人とは直接話すことが大事です。でも、今は誰もが携帯やスマホ、パソコンの画面ばかりで「会話」をする時代。人間関係は互いの言葉のニュアンスや顔の表情などたくさんの要素で成り立っているのに、これでは肝心のしゃべる能力が失われていくのではないか。心配をしています。

無名塾では、新人のスマホを全面禁止にしていました。若い子は暇さえあればスマホをいじっています。「何やってるんだ」と聞いたら、「ちょっと友達に、今何をやっているか教えている」と。なぜそんなことをいちいち教えるのか、私には理解できません。当然、稽古中のスマホも禁止です。

子ども時代から私は無口で引っ込み思案でした。俳優座の養成所に入った頃の世相は、「男は黙って勝負する」とか「沈黙は金」など、男は寡黙をよしとし、無口な私には都合がよかったのです。ところが、養成所の実技指導の小沢《おざわ》栄太郎《えいたろう》先生に、「役者って商売は、しゃべる芸なんだ。おしゃべりになれ」と言われてしまいました。

克服するために私がやったのは、大胆にも俳優座に通う京王線の車内で、大声で朗読をすることでした。度胸と勇気を振り絞り、「私は俳優の卵です。勉強中なので聞いてください」と、乗客の前でモリエールやストリンドベリの戯曲などを大声で読み上げました。終電近い車内ですから、眠りたい人や酔っ払いから「うるせえ！」なんて怒鳴られましたが、それでも2年続け、徐々に人前でしゃべることに慣れ、その大切さを実感していきました。

旅先で電車に乗っていると、昔は「サインしてください」なんて声を掛けられたものです。しかし、今は乗客みんながスマホの画面を凝視して、一度も顔を上げないどころか、操作しながら降りていく人もいます。見つかることがなくなり、私は楽になりましたが、この不思議な光景には驚かされるばかりです。

電車の中で人間を観察し想像力を働かせるのは、意外と面白く、いい経験になります。この人はどんな人か、どんな暮らしをしているのか、仕事は何だろうか。役者は人を表現する商売ですからなおさらです。

無名塾では「見取り稽古」といって、人の芝居を見る稽古があります。人の芝居なら、「ここは違うな」「私ならこう演じるな」と客観的に見ることができ、「これは使える」と思ったところは盗んでいく。女優のマリリン・モンローはアメリカの有名な俳優学校アクターズ・スタジオに3年通い、自分では一切演技をせず、見て学んだといいます。

役者ではなくても、人間ウォッチングは大事です。俳優座の養成所に入った頃、金がなくて夜はアルバイトに精を出していました。その一つにバーテンダーをやったのですが、この仕事は人間ウォッチングには最適でした。じっと見ることができないから、こっそり見るのです。酒の席は人間の本質が出るので、ウォッチングはとてもいい勉強になりました。

そういえば、バーテンダーをやっていた頃、俳優座の同僚、宇津井《うつい》健《けん》が友達を連れてきたことがありました。色が白くて品のいい、三味線弾き。実にいい男でしたが、それが若き日の勝《かつ》新太郎《しんたろう》でした。

便利な世の中になるのは歓迎すべきことですが、私はどうしても便利さだけに乗っかることができません。子どもの頃、冬は火鉢一つ、夏は全部開けっ放しで寝るから蚊帳《かや》だけ。戦争中は電球に黒い布を下げて、暗闇でごはんを食べていました。そういう時代に生きた人間には、世の中がいくら便利になっても、どこか「使わない」という気持ちがあるのです。

私は古い人間なのでしょうか。

（「ハルメク」2016年4月号）

ここまで来たんだから、もう一歩

2016年12月13日、私は84歳になりました。今まで現役の役者でこられたのは、ひとえに支えてくださったみなさんのおかげです。心から感謝しています。

その日の夕方から、無名塾の稽古場で塾生たちが誕生パーティーを開いてくれました。参加したのは塾生やスタッフの他、ごく親しい人たちばかり。塾生たちが会場を飾り付け、段取りをし、料理はすべて手作りです。野菜料理やコロッケ、パスタなど、うまいものがテーブルいっぱいに並びました。

笑顔と歓声、温かさの中で「仲代さん、もっとがんばってください」「元気で長生きしてください」とみんなに励まされ、心豊かな誕生日となりました。この年になると、今日はよくても明日はどうなるかわかりません。だから毎日毎日を一生懸命に、新鮮な気持ちで生きていかなければ。そう自分に言い聞かせました。同時に、

「ここまで来たんだから、もう一歩」

と挑戦の気持ちも湧き上がってきました。

２０１７年の秋から能登を皮切りに、翌年3月の東京公演まで「肝っ玉おっ母と子供たち」というブレヒトの反戦劇に出演します。それが終わったら、初めてシナリオを書いてみようかと、ひそかに考え始めています。

原作は太宰《だざい》治《おさむ》の『人間失格』。私はこの作品を朗読したＣＤを出していますが、太宰が描いている人間はしょせん道化です。役者も道化。そこを私なりに表現してみたいなと。

私はもともと人間への興味があり、年齢を重ねてもそれは変わりません。

役者をやってきてよかったのは、愚かな部分を含めて、人間を演じることができるからです。人間観察が好きなのは、小さい頃からおとなしい性格だったせいかもしれません。

赤ん坊の頃、姉が私を乳母車に入れたまま遊びに夢中になっている間、泣き声一つ立てずにじっとしていたそうです。

おとなしい上に小学校を4回も転校したため、よくいじめられました。学芸会なんて出たこともないし、集合写真は後ろの方で顔半分しか写っていない。家に親戚が訪ねてくれば、どこかへ隠れてしまう。いたずらも悪さもしなくて育てやすかった半面、あまりに内気な私をおふくろは心配したと聞きます。

中学1年で終戦を迎え、家が貧しかったので高校は都立の定時制に進みました。昼間は小学校の用務員をやり、職員室でお茶くみをしたり、ガリ版を刷ったり。その当時、思い描いていた将来の職業はサラリーマンでした。

「大学を出て、会社に入る。小説が好きだから、できれば出版社あたりがいいな。結婚して子どもは3人くらい。全員を大学に行かせ、自分は定年まで勤め上げて退職金をもらい、老後はゆったりと暮らす」

10代の私が考えていた、なんとも爺《じじ》くさいというか、平凡で安全圏を狙った人生設計でした。

ところが、早稲田大学の夜間部の受験に失敗。学歴に関係ない仕事を探すことになり、その一つが俳優でした。外国映画のスターたちはみんな大学の演劇科や俳優学校の出身であることを知り、日本で唯一の俳優学校である俳優座の養成所を受験しました。恥ずかしがり屋の私でも、専門の学校で3年も学べば俳優になれるかもしれないと考えたのです。養成所に合格し、3年後俳優座に入団してからも、性格を直すための努力は続きました。

そのうち、私の中にもう一人の「仲代達矢」が現れるようになりました。嫌なやつで、役者の私を客観的に見ては、「その演技は違うぜ」「もう少しだな」などと手厳しく言い放つ。ちっとも褒めてくれないのです。でも次第にその指摘がありがたくなりました。

「自分はうまいんだ」と自信満々で、コンプレックスを持たない人の演技は、薄っぺらくてつまらないものです。コンプレックスを消して、よい方に変えようとするのが役者の修業ですから、コンプレックスのかたまりのような私は、案外向いていたのかもしれません。

さて、そんな私も84歳になり、さすがに生来の恥ずかしがり屋は直りました。と言いたいところですが、残念ながらいまだに克服できていません。

これだけ長く芝居をやってきているのに、毎回出番の前はひどく緊張するし、どこか恥ずかしい気持ちはぬぐいきれないのです。まさに「三つ子の魂百まで」

それが人間の面白いところなんですね。

（「ハルメク」2017年2月号）

いざ演じる度胸は、破天荒なおふくろ譲り

よく「母を語る」なんて記事には、いわゆる良妻賢母が登場するものですが、私のおふくろ、仲代愛子《あいこ》はまったく逆でした。豪快で型破り。なんとも破天荒な行動で私たちを驚かせたり、困らせたりして、子ども心に「ああいう大人にはなるまい」なんて思ったものです。

1910(明治43)年生まれ。実家は東京・五反田で薬局を営み、おふくろも薬学専門学校を出て薬剤師の資格を持っていました。「五反田小町」と呼ばれた美人で、薬局の看板娘でもあったおふくろを見初めたのが、近所に住んでいた親父の仲代忠雄《ただお》でした。親父は病死した先妻との間に女の子が1人

いて、周囲の反対の中、二人は駆け落ち同然で一緒になりました。

家族は両親と姉、長男の私、続いて弟、妹が生まれました。しかし、太平洋戦争が始まった1941（昭和16）年、親父は結核でこの世を去り、おふくろは31歳の若さで一家を背負うことになってしまいました。

それからはどん底生活。戦争で日本全体が貧乏にあえいでいましたが、うちはそれ以上に貧乏で、明日食べるものは芋の葉っぱしかない。そんな時代を、亡くなった子を含めて6人、その後別の男性との子ども3人を加え、9人の子どもの母として、なりふり構わず、桁外れの生き方をしていったのです。とはいえ楽天的なところもあって、明日食べるものがないのに、夜中に近所のおばさんたちを集めては、たばこを1本ずつ賭けて「おいちょかぶ」をやったりもしていました。

私は小学校を4回ほど転校しています。転校生だということでいじめられ、泣きながら家に帰ると、おふくろは「誰がいじめた」と聞いて、その子の家に木刀を持って殴り込みに行くのです。玄関のガラスを割ったりするので、そのうちに、私はいじめられても決して言わなくなりました。かえって大変なことになるのはわかっていましたから。

おふくろの教育方針は、勉強などできなくてもいいから、体を丈夫にせよというもの。夜、押し入れでこっそり勉強をしていると、「勉強をするより飯を炊け」と、つまみ出されました。通信簿の成績が上がろうものなら、「余計な勉強をして」と怒られる始末です。

戦況が悪化すると、小学生だった私は東京郊外のお寺に学童疎開をしました。同級生の親は差し入れを持って面会に来ていましたが、おふくろはただの一度も来ないし、差し入れもなし。親元を離れた心細さで、つらい疎開生活でした。

私は俳優として、弟の仲代圭吾《けいご》はシャンソン歌手になって世に知られるようになったことが、一番の親孝行だと思っています。

おふくろは私の芝居を必ず見に来ていました。でも、おとなしく見ているような人ではありません。真面目にシェークスピアなどを演じていると、客席がやけにうるさい。おふくろが、周りの知らない人たちに向かって「あれ、私の息子。いい男でしょ」なんて、声高に言っているのです。

また、あるときは、芝居に友人知人を30人くらい引き連れてきて、「おまえは主役だから、ただで入れてくれ」なんて無理を言い、私がチケットを買ってやったこともありました。

そんなおふくろですが、なぜか憎めないのです。誰よりも人間的で、いい意味でわがままだったのでしょう。愛すべき母でした。

私がここまで役者としてなんとかやってこられたのは、おふくろから受け継いだもののおかげです。まず人の評判や周りにどう思われようと気にしない役者向きの性格。私は本来、人見知りで引っ込み思案なのに、いざ人前で演じるときの度胸のよさは、まさにおふくろの血。今も元気で舞台に立ち、若手を育成できるほど丈夫な体ももらいました。

１９９７（平成９）年、おふくろは老衰で入院、88歳で亡くなりました。酒好きで死ぬ間際まで飲んでいたらしく、私が駆け付けたとき枕元には空の缶ビールが転がっていました。

弟とおふくろの話をするとき、「おふくろ」なんて呼び方はしません。常に「愛子が〜〜」「愛子は〜〜」。私たちにとっては、その名のとおり、「愛すべき愛子」なのです。


（「ハルメク」２０１６年６月号）

一方的に支えられ、生かされてきた

6月27日は妻・宮崎恭子の命日です。

人生の伴侶であり、仕事においても最高のコンビだった彼女がいなくなって21年目を迎える今年（2016年）は、映画のロケと重なったので日にちを繰り上げて墓参りに行ってきました。霊園は、恭子が好きだった富士山がすぐ近くに望める静かな場所です。雨に洗われた木々の緑が美しく、湿った空気の中を野鳥の声がこだましていました。

私は5月に検査入院をしましたが、問題なしとの結果でした。「健康に問題がないなら、もっと仕事をしろということかな」と、墓前に語り掛けました。

もともと健康に問題がないのは恭子の方のはずでした。酒もたばこもやらず、魚と野菜が中心の食事。それに比べて私は暴飲暴食、徹夜で仕事をするし、激しい演技で体は傷だらけ。昔はスタントマンなんていませんから、アクションシーンは全部自分で演じていました。乗馬シーンでは何度馬から落ちたことか。

心身を酷使した俳優生活でしたから、先に逝くのは私の方。私自身も恭子もそう思っていました。なんとも皮肉なものです。事実、恭子は私がいなくなっても無名塾を運営できるようしっかり金の管理をしていました。だから私に金の話はせず、自由な俳優生活を送らせてくれていたのです。

私は1年の半分を映画、半分を舞台に費やしていました。ありがたいことに毎年映画のオファーの脚本が何冊も届くので、全部読んで自分の気に入った作品を決めていました。恭子はそれらの出演料まで知っていましたが、私には一切伝えず、常に言うことは

「仲代さんがやりたい作品を自由に選んでください」

ところが、往々にして私が選んだ作品は出演料が一番安く、気乗りしない作品ほど出演料が高かったことを後になって知りました。中には5倍の差があったことも。それでも恭子は、決して出演料の高い作品をすすめたりはしませんでした。私も人間ですから、5倍も高い金額を聞けば、気持ちがグラついたかもしれません。

昔、映画の撮影はよく京都で行われていました。昼はびっしり撮影がありますが、夜になると勝新太郎さんや市川雷蔵《いちかわらいぞう》さんなどが祇園に連れて行ってくれました。祇園にはお茶屋と呼ばれるお座敷があります。行きつけになったお茶屋は「つけ」で飲食ができ、年末になると立派な巻紙に書かれた請求書が自宅に送られてきます。恭子は金額に目を通しただけで、黙って金を振り込んでいました。祇園での1年分ですから、相当な額だったはずです。でも、「これだけかかったのよ」とか「こんなに使ったの⁉」なんて、決して口にしません。そういう女性でした。

そんなこともあって、私は仕事もたくさんしましたが結構借金を抱えていましたし、無名塾を維持するためにもかなりの金を使ってきました。私の自由な俳優生活と無名塾を支えるために、金の話を一切せず、ぜいたくもせずにやりくりしていた恭子は、どれだけ苦労したことでしょう。

夫婦げんかをしたことはほとんどありません。いくら私がわがままを言っても、すっとそらせていく。徹夜で仕事をしたのに、家に帰ってまた酒を飲んでいる私を見かねて「そろそろやめたらどうですか」と言ったくらいでした。それも決してくどくど言わない。

無名塾の塾生に対する意見の食い違いはありました。あるとき「この子は素質があると思うのに、なんで伸びないんだろうね」とぼやく私に、恭子はさらりと「人間には早咲きと遅咲きがあって、あの子は遅咲きなのよ」。塾生たちのことを実によく観察していました。

役者が芝居を教えると、ついつい自分のやり方を押し付けがちです。恭子は達者な女優でしたが、そんなことはせず、塾生のよい点を見つけ出して伸ばしてやる。悪いところは消していく。その根気強さに、人間を教育することの大変さを教えられる思いでした。

よく「二人は支え合っていたのですね」と言われますが、支え「合った」なんて、とても言えたものではありません。私が一方的に支えられ、そして生かされてきたのです。彼女がいなかったら、私は到底ここまで来ることはできませんでした。恭子のいない21年目を迎え、ますますその思いを強めています。

（「ハルメク」2016年8月号）

「もったいない」と思うとき

2016年7月、小林政広《こばやしまさひろ》監督の映画「海辺のリア」の撮影が終わりました。ロケの間はずっと天気がよくて、予定より2日も早く終了。私は昔から、どの作品でも天気に恵まれ、「仲代晴之介《はれのすけ》」なんて名前でもいいほどの晴れ男です。今回もロケ後豪雨になったのですから、晴れ男ぶりはいまだ健在でした。

それに前後して、アメリカの映画芸術科学アカデミーの新会員になることが知らされました。会員はアカデミー賞を選ぶ投票権を持ちます。ここ2年アカデミー賞の受賞者は白人ばかりだったのが問題になり、審査員をさまざまな人種に広げたので、私も入ったのでしょう。

投票といえば、2016年は7月に参院選、都知事選もありましたね。いくら行政に文句があっても、投票しなければ言う権利なし。そう考えていますから、私はどんなに忙しくても選挙には必ず行きます。

このときの参院選の投票率は54・7％と聞きました。前回よりも上がったとはいえ、半数近い人が棄権しています。

「誰に入れていいかわからないから投票しなかった」なんて声を聞きますが、わからないのは勉強不足のせい。せっかく投票する権利が与えられているのに棄権するなんて、ホントもったいない。

私はそんなもったいないことはしませんが、自分自身に関しては「ああ、もったいない」から始まることがいくつもあります。

まず私自身、もったいなくてモノが捨てられないタチです。何でも取っておきます。昔からの台本、頂いた本、自分が載った新聞や雑誌の記事、チラシ……。60年以上俳優をやっていますから、その量は半端じゃありません。

時にそれを引っ張り出す必要があるので、整理するのがうまいスタッフにすがっているありさまです。

50年前にあつらえた高価な背広で、体形の合うものは、もちろん取ってあります。10着くらいですが、今でも十分着回しています。40年前まで夢中だったゴルフの道具3セットは時代遅れの古い型で、もう使うこともないのに、もったいなくて捨てられません。

戦中戦後は食べ物がなくて、始終おなかをすかせていました。うちは特に貧乏で、食べるものは菜っ葉や芋のつるばかり。そんな子ども時代の強烈な飢餓体験が身に染みていますから、いまだに食べ物を残すなんてもってのほか。出されたものはコメの1粒まで絶対に残しません。多く出されても、無理して全部平らげます。平気で残している人には、「残すくらいなら手を付けるな」と説教したくなります。

俳優学校に入る前、もったいなかったのは1食、1食でした。当時、アルバイトで食いつなぎ、3食を2食にして大好きな映画や芝居を見ていました。もっと見たいものがあると、さらに1食減らし、ついに絶食してみたことも。当然腹が減ってフラフラでした。当時、京王線の笹塚にある映画館で3本立てを見ると電車賃がなくなり、自宅のある千歳烏山《ちとせからすやま》まで8駅分を歩いたものです。

今、世間は憲法改正で騒いでいます。私は戦争中に育ったので、どんなことがあっても戦争だけは絶対やっちゃいけないと、固い信念を持っています。国を守ると言い出すと、戦争になりかねませんが、憲法9条のおかげで70年以上、日本は戦争をせずにこられました。その平和憲法を改正するのは、非常にもったいないと考えています。

役者として「ああ、もったいないことをした」と悔やむのは、いい台本があって、いい役をもらったのにもかかわらず、イメージどおりに出来上がらなかったときです。イメージはどんどん膨らんでいくので、実はほとんどの作品がそれに該当してしまいます。

それでもこれまでいくつかの演技賞を頂いてきました。昔、俳優座の先輩に「賞なんてもらうと、引きずるぞ」と言われました。せっかく賞を頂いた演技を捨てるのがもったいないから引きずり、他の役も同じようにやりがちなことを指摘されたのです。

新たなことに挑戦するには、時にはもったいないなんて考えず、他の欲望はすっぱり切り捨てることも大切です。それに気付かされた言葉でした。

我々世代はつい口にしがちな「もったいない」。大事にしたり、時に切り捨てたり。上手に付き合いたいものです。


（「ハルメク」2016年9月号）

「最近の若いもんは……」と言いたいけれど

「もしも私が倒れたら、おまえたちが代わりをやるんだよ」

公演にあたり、無名塾の塾生たちには常々こう伝えてあります。

もともと塾生には「あらゆる先輩の役を覚えろ」と言って、セリフを覚えるのはもちろん、舞台袖で役者の動きを見させています。役者が病気などで突然出られなくなったときは、すぐさま代わりが遜色なくやる。40年も無名塾をやっていると、代役が演じるケースはそう珍しいことではありません。

そのときに、塾生の目的意識の差を感じます。

先日、落語家さんと話していたら、彼らは見習い期間中に師匠から理由もなく怒られるそう。大半は嫌気が差して去っていきますが、それでも残った者は弟子として認められるといいます。ああ、まだこんな世界があるのかと、ちょっとうれしくなりました。

今と昔の塾生を比べると、総じて今の方が甘いのは、時代の変化によるものかもしれません。私が昔所属していた俳優座は、ちょっとでも売れると先輩にいびられたから、いい気にならずに済みました。でも今は芸能事務所が若いタレントをおだてて使い、プロとアマチュアがごっちゃになっている時代です。

無名塾を受けに来る子たちもテレビなどを見て、「あのくらいなら自分でもできる」と軽く考えているようです。役者は金が稼げると思っている子もいて、志願理由を聞くと「お父さんに車を買ってやりたいから」。芸そのものが目的ではないのです。役者は格差がすごくて、残念ながら新劇はもうかりません。役者になって20年たってもアルバイトを続けているケースなんてザラです。

新しく入った塾生には、まず同級生を追い抜け、次に2年先輩を追い抜け。そのうちに私もしょぼくれてくるから仲代も追い抜けと、ハッパを掛けています。

以前、「死ぬつもりでやれ！」と尻をたたいたら、「死んだら何もできません」と答えた塾生がいました。そういう意味ではとても素直で正直。無名塾の願書の応募理由に「タダだから」と書く子がたくさんいます。確かに無名塾に入ると3年間お金はかかりませんが、こちらの気分は複雑です。

尊敬する俳優を書く欄は、私だったら絶対に仲代達矢と書きます。どんなに嫌いでも、そう書く。けれど、「え、その人？」と言いたくなるような俳優の名前を平気で書いてくる子はいくらでもいます。

私は中学1年で終戦を迎えるまで、空襲から逃げ回っていました。生死をかけてやっと生き延びた途端、終戦で世の中がガラリと変わり、すっかりひねくれてしまいました。

役者は自分とは違う役になるのですから、ひねくれていないとやりにくい商売です。あまり素直で正直な若者はどうなのでしょうか。

さらに反骨精神も必要です。新劇は軍国時代、アンチな気持ちで演じ、悪しき体制に対して演劇で抵抗してきました。芸能人、芸術家であっても体制に批判的であり、それを崩さない一本通ったものを持つ職人風である、いってみれば「芸術家的職人」を目指す若者がいてもいい。

とはいえ、私は若者たちにずいぶん救われてきました。本来なら独居老人になっているはずなのに、朝の7時には無名塾の若者たちがわ〜っと集まります。いつも周りに若い塾生たちがいて、ちっとも寂しくない。家族が多い方が家は栄えるといわれますが、そういう意味では大きなファミリーが私を励まし、無名塾は続いてきました。

フランスの名優アラン・ドロンは、81歳になったとき「もうこの年だ。人生の終わりではないが、キャリアの終わりだ」と引退してしまいました。

でも私は「キャリアの終わりは人生の終わりだ。だから年取ったとは思われたくない」。若い塾生たちの前で年を感じさせないように見栄を張ることで、ここまでがんばってこられました。

2017年は、映画「海辺のリア」公開を記念して、2月から期間限定で〝ツイッター〟に挑戦してみました。6月末まで続け、おかげさまでフォロワーが5万人近くまで増え、さらに大家族に囲まれているような気分になりました。顔の知らない若い人たちともやり取りをしたのはこれまでにないワクワク体験でした。

無名塾は、実は私のためにあるのではないかと考えています。いつも若者に囲まれて、私が元気でいるために。


（「ハルメク」2017年10月号）

野球ファン歴70年、今もジャイアンツに熱狂！

２０１７年6月13日、生まれて初めてプロ野球の始球式に臨みました。東京ドームで行われたセ・パ交流戦の読売ジャイアンツ対福岡ソフトバンクホークス第1回戦。普段の舞台とは違い、何万人もの観客が入るところは初めてで、足がガタガタするほど緊張しました。事前に投球練習はしたものの、これればかりはやってみなきゃわからない。

いざ本番で投げた球は、わずかにワンバウンドして小林《こばやし》誠司《せいじ》捕手のミットに。我ながら１２０点の出来栄えでした。大声援に包まれ、84歳にして素晴らしい初体験をさせていただいたことに感謝しています。

私はとにかく野球が好き。見るのも、プレーするのも大好きです。小学生時代は戦争中でしたから、始めたのは戦後。プロ野球も復活し、最初に見た試合で魅了されたのが讀賣《よみうり》ジャイアンツの川上《かわかみ》哲治《てつじ》さんでした。活躍ぶりだけでなく、風貌のよさにも引かれ、以来熱狂的なファンになりました。

高校時代は弟と一緒に、当時住んでいた千歳烏山の人たちを集めて、日曜だけの野球チームを作りました。弟がピッチャー、私がキャッチャー。チームの中にいた床屋の兄ちゃんが下手《したて》投げでぶんぶん投げているのが、あまりにかっこよくて、「よーし、僕も下手投げでいこう!」と練習を始めました。

下手投げは、体を沈ませ腕を水平よりも下にしならせて投げます。あまりお目にかからない投げ方です。かなり腰を回しますから、今思えば、案外舞台役者向けの投げ方だったのかもしれません。

俳優座に入ってからは、そこでもチームを作り、今度は私がピッチャーでもちろん下手投げ。キャッチャーが田中《たなか》邦衛《くにえ》さんで、結構上手でした。

そのうち自分のチームが欲しくなり、ＴＢＳから離れてテレビマンユニオンという独立系制作会社を作った萩元晴彦《はぎもとはるひこ》さんを監督にして草野球チームを作りました。萩元さんは長野県の旧制松本中学校（現・松本深志高校）時代に野球部のエースとして甲子園に出場した経験があります。１回戦を10対ゼロで負けたそうですが、草野球チームを率いてもらうには十分すぎる実力者でした。

俳優座のチームの延長のようなものですから、同じメンバーもいて、野球のうまい私の弟にも入ってもらいました。私の守備は一塁とピッチャー。４番を打っていました。自分で言うのもなんですが、運動神経はとてもよかったんですよ。

仕事が入ると参加できませんが、とにかく野球が楽しくて楽しくて、日曜ごとに神宮外苑の野球場で、いろいろなチームと試合をしました。中でも、テレビのシナリオライターや小説家などで作っている「ライターズ」というチームは強豪でした。

キャッチャーが永六輔《えいろくすけ》さんで、私がバッターボックスに立つと、「この間の映画、ひどかったたね」なんて後ろから話し掛けてくるのです。まんまと引っ掛かって、打てるものも打てなくなってしまいました。

試合のたびにチームメイトが楽しみにしていたのは、女房の宮崎恭子と義母が手作りして持ってくる全員分の豪華なお弁当でした。ふたを開けると、そこには唐揚げや煮物、卵焼き、おにぎりなどがぎっしり。試合後のビールを片手に青空の下でワイワイ言いながら食べるのは、格別のうまさでした。試合と弁当、どちらがメインだったのでしょうか。

そのうち私は仕事が忙しくなり、草野球からは遠のきましたが、ジャイアンツへの熱狂ぶりはそのままです。長嶋《ながしま》、王《おう》というスター選手をはじめ、どの選手も大好きで、とにかく勝ってほしい。

これには家族が大変な思いをしました。テレビで野球中継を見ながらの夕食時、ジャイアンツが負けそうになると、私が不機嫌になって茶碗や箸を投げ飛ばすものだからみんなハラハラ。

またジャイアンツの選手が凡フライを打つと、球を取ろうとしている相手の選手をこちょこちょとくすぐって落とさせようとばかりに、義母や義妹まで全員が一斉に

「こちょこちょ！　こちょこちょ！」

テレビ画面に向かって、呼び掛けていました。

笑っちゃうような話ですが、これが我が家のジャイアンツ必勝作戦でした。

さすがに今はジャイアンツ戦でも興奮せず、年相応にお行儀よく応援しております。

（「ハルメク」2017年8月号）

なんだかんだ言っても、歌が好き

「青空のない男」「男の涙」「銀座ロックン」「小雨の駐車場」

さて、これは何のタイトルでしょうか。

なんと「歌手・仲代達矢」が出したシングルレコードの一部なんです。1958（昭和33）年頃、テイチクから発売されました。一番好きな歌は「小雨の駐車場」、一番売れた歌は……残念ながらありません。

歌う映画スターといえば石原《いしはら》裕次郎《ゆうじろう》さん、小林旭《こばやしあきら》さんがよく知られています。裕次郎さんと同世代の私も、映画で主役を務めるようになると、「歌を歌ってみませんか」とあちこちから声が掛かりました。正式に歌を習ったり、特別の訓練を受けたりした経験はゼロ。それでも、映画スターは歌を歌うものという当時の風潮に押され、レコードを出すことになりました。

実は密かに、歌ならなんとかいけるんじゃないかとの思いがあったのです。小学生の頃、勉強はからきしダメな私でしたが、よかったのは体育と音楽。歌はうまくて、いつも高い点数をもらっていました。

さらに叔父が有木山太《ありきさんた》というコメディアンで、高校生になった私は叔父のカバン持ちで日劇ミュージックホールに出入りしていました。そこで親しくなった、ブーちゃんこと俳優の市村俊幸《いちむらとしゆき》さん※1に「君は声がいいから歌手になったらどうだい」とすすめられました。

しかし当時、私が思い描く歌手とは、男でもキンキラキンのスパンコールを付けた紫の衣装でステージに立つ姿。「いや〜、それはちょっと恥ずかしくてできないな」と、内気だった私は断って、結局新劇の道に進みました。でも、あの市村さんに褒められたことはうれしくて、ずっと記憶に残っていました。

というわけで、いざレコーディングに臨んだのですが、これが想像以上に大変でした。調子よく歌い出しても、途中で引っ掛かったり、外れたりするたびに「スミマセン、もう1回お願いします」。緊張感もあって、なかなか思うようにはいきません。それが2〜3時間、長いと半日も続き、心身ともにぐったりしてきます。するとビールがさっと出てきて、「これ飲んでやってください」「え、どうして?」「裕次郎さんは5〜6本飲んで、うまくいっていましたから」と。

私もあやかって2本ほど飲んでやりました。それで発売されたのが、最初の「青空のない男」です。この歌、新聞では「スケールの大きい歌手が出た」と、なんとか褒めてもらえました。しかし、俳優座に在籍しながら映画「人間の條件」の長く過酷な撮影などをこなしていた頃ですから、他の人たちのようにテレビの歌番組に顔を出すことができません。

10曲くらいレコーディングしたところで、「歌手」は返上しました。テレビに出なければ、レコードの宣伝にはならず、買ってくれたのは身内だけ？と思えるような売り上げ枚数。かたや「切腹」といった硬派の映画を撮っていながら、「男が泣くのがなぜ悪い～♪」なんて歌っているのも、しっくりきませんでした。

歌からすっかり遠のいた1993（平成5）年、私はNHKの「金曜時代劇　清左衛門残日録」に主演していました。シリーズが終わって打ち上げのとき、みんなでお疲れさま～と酒を飲んでいると、突然「銀座ロックン～東京のリズム♪」と、聞き覚えのある歌声が会場に流れ出して「なんだ、なんだ」と、みんなが顔を見合わせました。共演の南果歩《みなみかほ》さんがどこから探し出してきたのか、私の昔のレコード「銀座ロックン」を流したのです。恥ずかしいやら、懐かしいやら。でも、ステキないたずらでした。

今年（2017年）10月14日から能登演劇堂を皮切りに始まる無名塾公演

「肝っ玉おっ母と子供たち」は、反戦劇ではありますが、ミュージカル仕立ての非常に面白いエンターテインメントです。私は昔取った杵柄《きねづか》とばかりにソロで3曲、合唱では何曲も歌います。

この作品は私が55歳のときにも上演し、当時も音楽を担当してくださった作曲家の池辺晋一郎《いけべしんいちろう》さん※2から「仲代の歌はとっても雰囲気があっていいね」と褒められました。その後続けて「でも、全然僕の楽譜どおりには歌ってないんだよね」と。それを踏まえ、あらためて今度の公演を目指して、歌の練習を始めています。なんだかんだ言っても、私は歌が大好きなんです。

（「ハルメク」2017年9月号）

※1市村俊幸…1920（大正9）年〜83（昭和58）年。映画俳優、コメディアン、ダンサー、ジャズピアニストとして活躍。黒澤映画「生きる」ではジャズバーのピアニスト役で出演し、脚光を浴びた。

※2池辺晋一郎…1943（昭和18）年生まれ。作曲家。黒澤明や今村昌平監督作品をはじめとする映画音楽やドラマ、アニメなどのテレビ番組の音楽を数多く手掛ける作曲家。

弟のコンサートに一緒に出るのが楽しみで

2歳違いの弟にシャンソン歌手の仲代圭吾がいます。兄弟そろって80歳を超し、いまだ仕事は現役。年が近いせいか常に仲がよく、これまでけんかなんて一度もなし。今どき珍しい兄弟かもしれませんね。

弟との結束を強めたのは、戦争とおふくろの存在でした。おふくろは子どもたちがいじめられると、先方の家に殴り込みに行くなど豪快で型破り。破天荒な行動に私たちはいつも困惑していました。

親父は太平洋戦争開戦の年に亡くなり、おふくろはぜんそく持ちで、戦争中の我が家は貧乏のどん底でした。終戦のとき、私は中学1年でしたが、貧乏暮らしは変わらぬまま。

そこで家計を助けようと、戦地から戻ってきた叔父と圭吾と3人で手掛けたのが、ポン菓子屋でした。米などの穀物を鉄の製造機に入れて圧力をかけ、ポーンと一気に開放することで膨らませる駄菓子です。ものすごく膨らむので、米が1合もあれば、大量のポン菓子ができます。当時はまともなお菓子なんてありませんから、御用聞きに回って注文を取ることができました。

圭吾は子どもながら愛想がよくて、「ポン菓子のニコニコ屋です」と言いながら、1升くらいの注文を取ってきます。実に商売がうまい。それに比べて私はもともとの内気な性格な上、暗〜い顔で「すみません、ポン菓子屋ですが、お米を……」と切り出すのですから、「うちには米なんてないよ！」なんて断られるのがオチ。それでも、なんとか私たちが稼いだお金で、一家は食べていくことができました。

私が俳優学校に入ると、圭吾は「僕はクラシック歌手になる」と言い出しました。芸大に入るのは大変なので、声楽家の坂本博士《さかもとひろし》さんに個人教授をお願いして5年くらい習ったでしょうか。ところがあるとき、シャンソン歌手に転向してしまいました。

既に俳優になっていた私は「この世界は大変なところだから、やめた方がいいよ」とアドバイスをしたのですが、圭吾は銀座7丁目にあったシャンソン喫茶「銀巴里《ぎんぱり》」に出演するようになりました。当時の銀巴里はシャンソン歌手の登竜門といわれ、そうそうたる歌手が出演していました。最大のスターは美輪明宏《みわあきひろ》さんです。

反対はしたものの、やはり圭吾のことが気になって、あるときそっと銀巴里に見に行きました。その堂々たる歌いっぷりに、「こりゃ、うまいなァ、すごいな」と驚かされました。

銀巴里といえば、おふくろも圭吾のステージを見に行っていましたが、周りの誰彼となく大声で「あれ、私の息子。うまいでしょ」と呼び掛けては迷惑をかけたそう。私の舞台も必ず見に来ては「あれ、私の息子。いい男でしょ」と客席で騒いでいましたから、同じことをやっていたのです。おふくろは息子2人が芸能界で知られるようになったことをとても喜んでいましたが、やはり表現方法はユニークでした。

圭吾はテレビに出るよりも、コンサートで全国各地を回って、彼独特の表現力でファンを集めていきました。今も、女房でピアニストの行代美都《ゆきしろみと》と2人で年に何回かのコンサートを開き、根強いファンに支えられています。

私も語りで一緒のステージに立ち、1曲くらいは歌わせてもらっています。彼のコンサートに出るようになったのは15年くらい前。当時は語りだけの出演でしたが、最後2人で手をつないであいさつしたときの大きな拍手は感動的でした。

粘り強く、愚痴をこぼさない性格。何をやっても器用。弟ですが、尊敬できるところがたくさんあります。そんな圭吾は私よりも小柄で声も若々しい

仲代さんの84歳バースデーパーティーで、2歳違いの弟・圭吾さんと乾杯！

ため、かなり若く見られるのが自慢のようです。

「この前もお客さんに『お父さん、がんばってますか』って聞かれちゃったよ」と、ニヤニヤしながら言うのです。「はい、がんばってますよ」なんて答えたんでしょうね、きっと。

（「ハルメク」2017年5月号）

正月は楽しいもの、原点に立ち返るもの

無名塾の年末行事は25日頃の大掃除です。普段から塾生たちは朝7時に来て、隅々まできれいに掃除していますから、年末の掃除は簡単です。我々の大掃除とは、モノの整理です。塾内では1年の間に、いろいろなものがあちこちに置かれているので、全員でそれを整理。さっぱりしたところで、その後は暮れの31日まで稽古です。

年が明けると、無名塾の新年会があります。現在の塾生に卒業生も加わって50～60人は集まり、にぎやかに酒を酌み交わします。

正月のあいさつは儀式にすぎないのですが、不思議なことに「今年もがん

ばります」と塾生に言われると、「この子たちを今年も一生懸命見てあげよう」という気持ちが湧き上がってきて、強い絆を感じるのです。

年に一度そういう原点に立ち返るのが正月のよさであり、これはとても大事なことですね。

正月で思い出すのは、無名塾を始めた40年ほど前のこと。その頃は女房の母・宮崎巴《みやざきともえ》も元気で、おせち料理もお雑煮もみんな彼女が作っていました。塾生たちは正月の三が日の間に、それぞれ新年のあいさつにやって来ます。その都度、重箱に美しく盛られたおせち料理や雑煮、お屠蘇《とそ》が振る舞われ、みんな喜んで、というよりこれをアテにして来ていました。黒豆、ごまめ、数の子など、いわゆるおせち料理はすべて並び、しかも全部手作り。いや、これが実においしかった。義母はそこいらの料理人に負けないほど素晴らしい腕前の持ち主でした。実は、義母のおせち、というかおせち料理そのものをまともに食べたのは、結婚して最初の正月が初めてでした。

私は昭和7年生まれですから、子ども時代は戦争中で食べるものがなく、正月だからといって特別なことも、楽しい思い出も何もありません。日本全国が貧しかったけれど、うちは親父が結核で寝ていましたから貧困の極み。お餅なんて食べたこともなく、雑煮は餅代わりにすいとんが入っていて、ネギなどの野菜がちょっぴり加えてある程度です。「早くこいこいお正月♪」なんて楽しげなのは、唱歌の中だけのことでした。

終戦になってもしばらくはどん底で、食うや食わずの生活。その後、俳優になって宮崎恭子と結婚し、宮崎家で義母の作る家庭料理のうまさと温かさに圧倒されました。そんな義母が作るおせちや雑煮ですから、初めて口にしたときは、「ああ、世の中にはこんなおいしい正月料理があったんだ！」と大感激。正月はいいもの、楽しいもの。私は大人になってようやくそれを知ったのです。

（「ハルメク」2016年1月号）

戦争体験者だから言い続けたいこと

今年（2015年）は戦後70年。大きな節目の年ですね。

終戦のとき私は12歳、中学1年生でした。

玉音放送は東京の学校で、昼休みに聞きました。蝉《せみ》がうるさく鳴いていた暑い日でした。初めて聞いた天皇陛下の声。それまでの想像よりもずっと弱々しく感じました。

日本が負けて戦争が終わった。それを知って、がく然としました。

「なんで!? うそだろう!?」

小学生の頃から軍国教育をしっかりたたき込まれ、いっぱしの軍国少年だった私にとって、日本が負けるなんてあり得ないことでした。

天皇陛下や国のために死ぬのは本望だ！

一億玉砕だ！

いずれ神風が吹いて日本は必ず勝つ！

頭から信じ込んでいました。

そうでなければ、あんなにひもじく、苦しく、死の恐怖にさらされ続けた戦争を、乗り越えられるものではありません。戦争中は毎日が極限状態でした。一番つらかったのは飢餓感と集団疎開。そして空襲の恐ろしさです。

1945（昭和20）年3月に私は国民学校初等科を疎開先で終え、母親のいる東京の南青山に戻りました。戦局は悪化の一途をたどり、東京は連日空襲にさらされていました。5月25日には青山にも「山の手空襲」といわれる激しい空襲がありました。

友達の家からの帰りでした。B29の大軍が飛来し、焼夷弾を雨あられと落としていったのです。爆発音や悲鳴、怒号、炎が上がる中、恐怖に駆られた人々が死にもの狂いで逃げ惑っていました。私も必死に逃げたのですが、そのとき近所の小さな女の子がはぐれていたのを見つけ、とっさにその子の手を引いて、一緒に逃げました。

容赦なくバラバラと落ちてくる焼夷弾。あちこちで上がる砂煙。死んでたまるかとばかりに小さな手を引き、無我夢中で逃げ場を探していると、突然引いた手が軽くなりました。

私は片腕だけを握っていました。

焼夷弾が女の子の体を直撃して、吹き飛ばしていたのです。

動転した私は、腕をその場に置き去りにしてしまいました。今でも時折、夢に出てきます。そして深く悔やんでいます。どうして片腕だけでも持ち帰って、供養してやらなかったのか。

飢餓感もひどいものでした。育ち盛りなのに食べるものがなく、四六時中おなかがすいてすいて、たまりません。口にできるものは何でも食べました。歯磨き粉は甘いので、それまでたちまちのうちに食べてしまいました。毎晩見るのはバナナや大福の夢。バナナなんて当時は高級過ぎて食べたこともないのに、夢には出てくるのです。

おふくろがサツマイモやカボチャを煮てくれたものは、ざくざくした舌触りでおいしくありませんでした。でも、食べられただけマシ。米も肉も魚もない生活でした。

死の影と飢餓、貧困を子ども心にも受け止め、耐えていたのは、そうすることが日本の勝利につながると固く信じていたからでした。それが思いも寄らぬ敗戦。無条件降伏。

終戦を知ってから2、3日たつと、今度はむらむらと腹が立ってきました。それまで「鬼畜米英」と言っていた大人たちは、戦争が終わった途端、一夜にして親米派になってしまったからです。

「大人ってそんな簡単に価値観を変えられるものなのか⁉」

大きな衝撃でした。それなら、なぜもっと早くなんとかできなかったのか。300万人もの命が犠牲になり、首都圏をはじめ、あちこちが焼け野原になり、広島・長崎には原爆を落とされました。全国民が辛酸をなめ、日本はめちゃくちゃになったのです。戦争をやってはいけないのは、一度始めたら、なかなかやめることができないからです。それが実感でした。

今は戦争を知らない世代がほとんどです。私のような戦争体験者がもっとがんばって、戦争反対を声高に言わなければなりません。反戦をうたった「人間の條件」「激動の昭和史　沖縄決戦」「二百三高地」など、多数の映画にも出演してきました。戦中派として、どうしても、いつまでも言い続けたいことはただ一つ。

「戦争だけは二度とやっちゃいけない」

（「ハルメク」2015年8月号）

真っ赤に燃える秋のごとく生き切ろう

電話がかかってきたのは、昨年（2015年）10月初旬でした。直接出ると、それは私が平成27年度の文化勲章に内定し、11月3日に宮中で親授式があるという驚きの知らせでした。

「はい、ありがとうございます」と答えたものの、私は親授式に出させていただくことができません。石川県・中島町《なかじままち》の能登演劇堂で10月31日から始まった、無名塾公演「おれたちは天使じゃない」の真っ最中でした。当日の公演も、チケットは完売しています。いつものように幕を開けるのが役者の務め。何より2年前に決まったスケジュールでした。後日、親授式に出られなくても結構ですとの連絡をいただき、受章が決まりました。

私は19歳で演劇の世界に入って64年、ありがたいことにまだ現役を続けています。当初は27年間俳優座に在籍し、創設者の一人である千田是也《せんだこれや》先生の厳しい指導で芸の修業をたたき込まれました。20年前に亡くなった女房の宮崎恭子も裏で支えてくれました。

役者は需要と供給のバランスで成り立つ商売です。自分がいくらうまいと思っても、使ってもらえなければどうにもなりません。昔の映画俳優は映画会社に所属するため、1本当たると似たような役をやらされがちでしたが、私は舞台もやりたかったので、フリーランスに。その代わりさまざまな役がふられ、黒澤明《くろさわあきら》さん、小林正樹《こばやしまさき》さん、木下恵介《きのしたけいすけ》さんといった名監督もそれぞれが違った演技を求めてきました。そこで鍛えられ、あらゆる役をこなしたのが大きな勉強になりました。

今度の勲章はとてもとても私一人の力で頂けるものではありません。長年いろいろ教えてくださったりチャンスを与えてくださったりした方々と、お客さまやスタッフなど常に支えてくれたみなさん全員で頂いたもの。役者をやりながら、無名塾を主宰するなど、しんどい道を歩いてきた私への努力賞と考えています。

おかげさまで能登の公演は大盛況でした。フランスのコメディーで、ところどころでどっと笑いが起き、演技をしながら客席を見ていると、みなさんニコニコ笑っています。ちょっと恥ずかしかったのですが、「我が名誉市民文化勲章受章」という垂れ幕が演劇堂に掛かり、長年のお付き合いがある地元・中島町の方たちも祝福してくださいました。今は、わざわざ劇場まで足を運んで芝居をご覧になる方が減っているご時世。能登の公演のように満席にするためには「生の舞台はやっぱりいいな」という作品を作らなければと痛感しました。

能登での公演を終えて東京に戻り、11月25日に文部科学省で馳浩《はせひろし》大臣から勲章を伝達されました。馳大臣はかつてアスリートでしたが、体で表現する役者もアスリートのようなところがあり、親近感を覚えました。

　昔はよく先輩に「賞なんかもらうと、悪いことがあるぞ」などと脅かされたものです。演劇賞なんてもらって金を稼ぐようになると芸が落ちるぞ、とも。その頃は「どうしてそんな嫌なことを言うのだろう」と不思議でしたが、今になると先輩の戒めの気持ちが非常によくわかります。

　素晴らしい勲章を頂きましたが、私にはもはや大きな気負いはありません。舞台は体力を使うものの、まだ足腰はしっかりしていますから、願わくばもう少し現役を続けたい。昔だったら少しのぼせて、「がんばらなきゃ」というプレッシャーがあったでしょうが、それもなし。若い頃は、いい役者になりたい、誰よりもうまい芝居をしたい、お金が欲しいと、いろんな欲望が渦巻いていました。

　今は、女房の造語「赤秋《せきしゅう》」が、静かに身に染みます。

赤秋――。秋を彩る紅葉は散って、冬には朽ちる。その運命には逆らえないけれど、せめて自分という葉が朽ち果てて地に戻るまでは、真っ赤に燃える秋を生き切ろうと。

（「ハルメク」2016年2月号）

2015年度の文化勲章を受章。俳優としては5人目の受章です。「受章を一番喜んでいるのは、亡くなった女房」と仲代さん。

誰もが振り向いてくれなくてもいいじゃないか

無名塾公演「肝っ玉おっ母と子供たち」は反戦劇で、子どもの頃、命懸けの戦争体験を持つ私が、どうしても取り上げたかった作品です。

自分が演じたい作品だから、それを選ぶ。

当たり前のことで、昔の映画監督は自分が撮りたい作品を選んでいました。黒澤明監督しかり、小林正樹監督しかり。私も気に入った映画に出演し、無名塾公演の芝居も自分が上演したいものに決めてきました。興行成績を上げるためだとか、ギャラがいいからだなんて理由で作品を選ぶことはありません。それが「ものづくり」のあるべき姿です。

２０１６年秋にアメリカで、私が主演した岡本喜八《おかもときはち》監督のコメディー・アクション映画「殺人狂時代」（１９６７年）を上映したところ、アメリカ人たちは大笑いし、大絶賛されました。

50年前この映画が完成したとき、監督も私も「作りたかった映画ができてよかったね」と喜んだのですが、公開後わずか３日で打ち切られてしまいました。その頃は、映画館の館主の力が強くて、「あんなひどい映画じゃ客が入らない」という彼らの意見が受け入れられたのです。

監督も私もひどく落ち込んでしまいました。当時この映画のよさが理解されなかったのは、時代を先取りし過ぎていたことも原因でした。しかし、芸術とは先行するものです。誰かがやって当たったから同じものを作るのではなく、今までにないもの、体験したことのないものを作っていく。そこにはやはり、「作りたいものを作る」精神が強く流れていました。

今は何事も効率重視。映画も芝居も何が受けるか、どれだけ客が入るかを考え、さらに短時間・低予算で効率的に作ろうとします。演じたい作品にじっくり時間をかけて、達成感のあるものに仕上げるなんて望むべくもありません。なんだか人間性まで無視されているようにも思えます。

スケジュールに余裕がないから映画のシナリオはぎりぎりに出来上がり、撮影当日に監督が書き替えることもあります。そんな状況に小器用に対応できる役者が優遇されます。テレビドラマでも「いい作品に出られてよかったな」と満足していたって、視聴率が悪ければ評価されません。

そんな効率一辺倒の風潮に、反抗心がフツフツと湧いてきました。今こそただ自分の作りたいもの、小さくてもいいから美しいと思うものを作ればいいじゃないか。作品にはいろんな作り方があってもいいんじゃないか。

毎年能登で芝居を上演していますが、あるとき打ち上げの酒を買いに行った酒屋に「非売品」と書かれた酒が置いてありました。めったに作らない酒なので売りませんと。それなのに店頭に置いてあるのは、本当に欲しくて、高くても構わないと言ってきたお客には売るということでしょう。

「そうか、こんなやり方があるんだ！」

思わず膝を打ちました。

誰もが振り向いてくれなくてもいい。自分が作りたい芝居を生み出し、どうしても見たいからチケットが高くてもいいというお客さまだけに来ていただき、お見せする。

まさに少数派で異端な考えです。でも、大衆受けばかりを狙うと、見た目の面白さやわかりやすさが優先されて、作品の深みがなく、つまらないものになっていきます。

それを打開するためには、高いお金を払って見てくださったお客さまに「やっぱり生の芝居は素晴らしいな」と、心を躍らせる作品にすること。それには役者の力と技、ものづくりへのこだわりが必要です。

私が初めて見た見世物はサーカスでした。幼い頃、親父におんぶされて、空中ブランコを目で追ったときの興奮は今でも鮮明に覚えています。芝居はそういうものであってほしいと思います。

自分で細かいお金の計算をしたことがないから、こんなのんきなことが言えるのかもしれません。採算が取れず赤字になるのは覚悟の上で、それでもそのくらい大胆に考えていかないと、演劇の面白さはきちんと伝わらないのではないか。

終わりのない芝居への探求心が、私をそんな考えに導いてくれました。


（「ハルメク」２０１７年11月号）

面白そうなチャンスは何でも受け入れ、ささやかな冒険を楽しみたい。

私は85歳。人生100年時代では〝まだ〟85歳です。ありがたいことに、今も現役で役者をしていますが、若いときとは違うな、と思うことが確実に増えています。
これは、生涯現役を貫く覚悟の私の、老いと向き合うちょっとした工夫です。

現役を続けるための睡眠、食事、お酒

先日、アメリカでの仕事から戻り、休む間もなく京都の太秦《うずまさ》で時代劇の撮影をしてきました。ふくらはぎが痛くて、撮影現場までは足をひきずっていたのに、カメラの前で刀をスパッと抜いた途端、痛みは感じなくなり、元気なチャンバラを見せました。役者アドレナリン全開です。おかげで腕は生傷だらけ。こんなですから「あそこが痛い、ここが痛い」といくら訴えても、誰も信じてくれません。

私も今年（２０１５年）の12月には83歳を迎えます。年相応の衰えは体のあちこちにきています。それでもほとんど休みなしに舞台と映画を続け、若手俳優の養成に力を注ぐ毎日。やりたいことがまだまだあるのと、やらざるを得ないことを抱え込んで、お尻をたたかれ続けているから、元気でいなければならない。それが現実です。

やりたい芝居は優に30本はあります。とにかく1本でも多くやってやろうと、強い思いは持ち続けています。

舞台でも私は絶対に倒れるわけにはいきません。私が倒れたら公演は中止。そんなことがあってはならないので、健康管理には非常に気を使っています。目、鼻、耳、歯、そして体全体のそれぞれに主治医を持ち、ちょっとでも調子が悪いと先生の元へ駆け込みます。舞台は休めない、だから元気でいなければ。

40年前、女房と二人三脚で、若手の俳優を育成する「無名塾」を、自宅を兼ねた稽古場で始めました。女房が亡くなってからも無名塾を続け、正直しんどいなと思ったことは何度もありました。でも、朝目を覚ますと、早くから来る若い塾生たちのにぎやかな声が稽古場から聞こえます。

本来は独居老人になるはずなのに、周りに若い人や私を支えてくれる人が大勢いて、みんなが背中を押してくれています。その子たちに「ああ仲代さんも年取ったな」なんて言われたくないから、ちゃんとしないと。

無名塾を背負うだけでなく、大げさにいえば日本の新劇界を、この年になっても支えているんだという自負もあります。だから元気にしている、いや、元気ぶっているのかもしれません。

もうだめだと思ったら、本当にだめになるんですよ。

周囲から「仲代さんならまだまだ大丈夫ですよ」「まだ辞めないでくださいい」と言われると、「そうか」とその気になってしまいます。おだてにノリやすいというか、人の言うことをすぐ信じてしまうというか。

毎晩午前2時に寝て、7時起床。睡眠不足は仕事に影響するので、6時間くらいは熟睡したいのに、仕事のこと、無名塾のことなどをあれこれ考え始めるとなかなか寝付けなくなります。

食欲はいまだに旺盛で、塩分やカロリーなんて気にせずに、好きなものを食べています。好き嫌いも一切なし。晩酌は検査入院以外一日も欠かしたことがありません。昔は一晩で、1升も2升も空けたことがあります。

一番空けたのは京都の飲み屋。一晩で4升飲みました。いまだにその店に行くと、私の「記録」が壁に貼ってあります。記録更新に成功した人はいないそう。今は毎晩、ビール1杯と焼酎をオンザロックで4杯程度。ずいぶんおとなしくなりました。

私はどれだけ飲んでも酔わない、酒にめっぽう強い体質です。昔、仲間が痛飲しても私だけはしらふで、酔いつぶれた連中の介抱役。それでも、胃腸や肝臓に問題はなく、二日酔いも、酔って記憶をなくしたこともゼロ。

こんな生活をずっと続けてこられたのも、ひとえに両親から丈夫な体をもらったからこそです。本当に感謝しています。

俳優にはその年齢なりの役があり、基本的に引退はありません。客席から見えるのは顔ではなくて体の動きです。舞台は下半身での勝負。足腰が鈍くなったら舞台はダメだと思っていますから、プールで水中ウオーキングをしたり、無名塾の塾生たちと近くをウオーキングしたり、買い物には歩いて行くなど、体を小まめに動かすようにしています。

主治医からは、役者は過酷な仕事だから、急に辞めると認知症になりやすいと警告されています。

だから、まだまだやり続けなければ。

（「ハルメク」2015年9月号）

日々、ささやかな冒険を楽しんで

私はデパ地下が大好きで、実は週に1度は行っています。家から2キロくらいのところにデパートがあり、運動を兼ねて往復歩いて行くのです。

戦争中、食べるものがなくて、連日激しい飢餓感と闘った私には、おいしいものにあふれた光景は今でも憧れます。デパ地下はまさにパラダイス。自分がいくつになっても、世の中がどれだけ変わっても同じです。

「これもおいしそうだな」

「あれもいいけど、ちょっと甘すぎるかな」

などと、目移りしながら売り場を歩くのは、至福のとき。

よく買うのはステーキ肉です。野菜は鮮度の見分け方がわからないのでパス。より取り見取りの酒を買い込み、ついでにつまみも吟味。

堂々と素顔のままで行っても、周りの人は意外と声を掛けてきません。東京の人はわかっていても遠慮されるようですが、大阪のデパ地下では一変します。最初に気付いた人が、「わァ、仲代さんおんで！」と大声でアナウンスし、わっと取り囲まれます。しかも、「わァ、えらい年いってんなァ」なんて言いたい放題。大阪の人は元気です。

デパ地下好きにはもう一つの理由があります。私は雑踏が大好きなんです。よく老人になったら静かなところに隠居したいなんて言う人がいますが、いやいや私にはそんなことは到底無理。むしろ若者のあふれる原宿の街にマンションを買って暮らしたいくらい。雑踏が好きなのは、人が好きということなのでしょう。

毎朝起きると、早くから来ている無名塾の塾生たちの元気な声が聞こえます。だから生きていられる。ありがたいことに、年老いても私の周囲はいつもにぎやかです。

ささやかな日常風景ですが、私にとってはかなり貴重な核になっていて、活力の源を支え続けてくれるものでもあるのです。

用意してもらった夕食を、一人で食べることが多くなりました。ちょっと前までは塾生たちとわいわい食べていましたが、私自身が若い頃、大先輩と食事をしても緊張感が伴ってあまり楽しめなかった思い出があるので、やめてしまいました。

夜は晩酌をしてから生野菜やステーキ。野球シーズン中は中継を見ながら食べています。ひいきの読売ジャイアンツが負けると面白くなくて、食べ方がやたら早くなったり、落ち込んだり。でもある日、

「なんで人のやっていることでこんなに気をもむんだ?」

と悟り(!)、それからは気持ちを楽に野球を見るようになりました。

昔、映画スターはひと月に1回は背広をあつらえるという時代があり、私も高価な背広を何着も作ったものです。20年前に女房が亡くなってから、背広は作っていません。服装は女房任せでしたから、ファッションのことはわからないまま。売り場で「これお似合いですよ」と言われただけで、買ってしまいます。雑誌の撮影のときなどは、マネージャーが私の服の中から、組み合わせて選んでくれます。

最近、変わった店を見つけました。きもの地できもの風に仕立ててあるけれど、洋服のように楽に着られる服の店。だから草履ではなく、靴が履ける。こりゃ面白い、と何着か買い、先日ニューヨークでそれを着て、タイムズ・スクエアを歩きました。さすがにみんな驚いて振り返っていました。

私があと20歳若かったら、恥ずかしくてそんな格好はできません。でも、今は何でも受け入れ、面白がってトライしたいという思いにあふれています。

柳が風に吹かれるごとく生きたい。

一日一日を本当の意味で楽しみたい。
だから面白そうなチャンスがあれば存分に生かして、日々ささやかな冒険を楽しんでいます。

（「ハルメク」2015年11月号）

ニューヨークをきもの風の服で颯爽と歩く仲代さん。
（写真提供＝無名塾）

もし認知症になったらすごく幸せだろうなァ

2017年6月に主演映画「海辺のリア」が封切られました。私が演じたのは桑畑兆吉《くわばたけちょうきつ》という、今や認知症が疑われる往年の大スター。兆吉は半世紀以上、数々の舞台や映画に主演し、ひたすら芝居を愛し続けてきました。

「それって仲代さんそのものじゃない？」と思われるでしょうね。

そうなんです。この映画を撮った小林政広監督は「仲代達矢が認知症になったらどうなるか」という想像のもと、素晴らしいオリジナルの脚本を書き上げました。

主人公の桑畑兆吉は、実の娘とその夫に裏切られ高級老人ホームに送り込まれますが、ある日施設を脱走。パジャマにコートを羽織った姿で、あてもなく海辺を歩き続けるうち、かつて妻以外の女性に産ませた娘に突然出会います。

身内に向かって「あんた、どちらさん?」と、無邪気に聞く主人公を演じるのは実に面白い経験でした。わざわざ認知症らしい演技をするのではなく、小林監督が描く「認知症になったベテラン俳優」を脚本どおりに再現した感じです。

認知症になっても役者魂だけは忘れない主人公の姿、そんな主人公に深く関わる者たちの人間性。映画はそれらが絡み合って展開し、ご覧になった方々にさまざまな印象を与えるでしょう。

私が演じる桑畑兆吉の「桑畑」という名を聞いてピンときた方は相当の映画通です。1961(昭和36)年公開のアクション時代劇映画「用心棒」で三船《みふね》敏郎《としろう》さんと共演したときに、三船さんが演じたのが桑畑三十郎《さんじゅうろう》。そこから意識的に付け、セリフで「『用心棒』の三船さんも桑畑だけど、おれも昔から桑畑だ」と言っています。こんなウイットの効いたセリフの中にも、主人公と私がダブって見えるかもしれませんね。

私はまだ、たぶん、おそらく、認知症にはなっていませんが、もし自分がなったらいろんな縛りから解き放たれて、すごく幸せだろうなと想像しています。もちろん周囲は迷惑千万、誠に申し訳ないのですが、本人は人生の最後を自由に楽しみ、気持ちのままに動き回るのですから、やはり幸福なんだろうなと。

最近、しょっちゅう会っている人の名前が出てこなくて「あれれ、何だっけ⁉」と、慌てることがあります。セリフは、若い頃とは比べものにならないほどの時間をかけなければ覚えられません。それでも私はプロンプター（舞台で俳優がセリフや動きを忘れたとき、助けてくれる人）を付けずに芝居をしていますから、まだ大丈夫だろうなと思っています。

この映画はいろいろな面で恵まれました。当初は少ない予算で作ろうとしたのですが、シナリオを読んで「これは面白い！」と、手を挙げてくださったスポンサーが何社かありました。ありがたい応援団のおかげで、余裕を持って作り上げることができました。

共演者のみなさんも素晴らしかった。長女役に原田美枝子《はらだみえこ》さん、その夫に阿部寛《あべひろし》さん、長女と愛人関係にある謎の運転手に小林薫《こばやしかおる》さん。妻以外の女性に産ませた娘役に黒木華《くろきはる》さんといった、実力と人気を兼ね備えた俳優さんたちが盛り上げてくださいました。

そして天気にも恵まれました。ロケは必ず晴れるという私の晴れ男ぶりを今回も遺憾なく発揮。石川県の能登で行われた撮影は連日の好天で、予定の日数よりも早く終わりました。とてもありがたく、うれしく、なんだかすごくトクした気分で帰京しました。

大変だったのは、台本を頂いてから撮影まで1か月しかなかったことです。

映画はシーンごとに撮りますが、私は全編のセリフをしっかり覚えて撮影に臨みます。84歳の頭に全セリフを1か月でたたき込みました。

「昔は……」なんて言うと年寄りくさく思われるでしょうが、前出の三船敏郎さんも私も撮影現場には台本を持ち込みませんでした。台本が早く出来ていたので、撮影までにセリフを完全に覚えて、役になり切っていたのです。

そんな習慣が身に付いていますから、とにかく撮影までにはセリフを覚えなきゃと一生懸命。自分の分身のような桑畑兆吉になり切りました。

さて、どれだけなり切れたでしょうか。とくとご覧いただければ幸いです。

（「ハルメク」2017年6月号）

元気と若さの秘訣は、見栄を張ること

２０１７年10月から翌年４月５日まで、無名塾公演「肝っ玉おっ母と子供たち」で全国を回っています。

85歳の私が主役を務めるからといって、お客さまに「仲代さん、大丈夫かしら」なんて心配をさせてはいけません。元気で若々しい舞台姿を見せなければ、厳密に言えば、若々しく見せていることとすら、悟られないようにしなければならないのです。

役者ほど見栄っ張りの商売はありません。

そもそも役者は、自分以外の人物になり切ります。そうなれば、上手に演じたい、いい役者に見せたい、お客にウケたいと、自分をカッコよく見せることにとことんこだわります。もう、見栄の張りっ放し。

無名塾の稽古では、先生ぶらなくてはならない点も私にとっては見栄の一部です。塾生たちの演技について、

「こうした方がいいよ」

と、その場ではもっともらしいアドバイスをするのですが、

「あれで適切だったのかなァ」

と、ひそかに悩むことがあります。後で自分の部屋に戻って、アドバイスどおりのことを鏡の前でやってみたら
「あれれ」

自分でもできなかったことがありました。冷や汗ものです。

学校の先生は生徒のテストの点で、教え方のよしあしが判断できます。野球の監督ならチームの成績が、ずばり自分の評価です。数字が出るのでわか

りやすい。でも、演劇指導は数字では表せず、だからこそ迷いも多いのです。

逆に、下手くそでも数字が出ないから、それで助かる場合もありますが。

でも舞台に立てば、先生と生徒ではなくなり、役者対役者。そうなると客観性なんてどこかに飛んで行って、

「若者に負けてたまるもんか」

という非常な対抗心が頭をもたげます。

「下手なことをやって、仲代さんも老けたな、なんて絶対に思われたくない」

ただその一心で、がんばりまくります。そうして見栄を張っていることが、私のやる気を保つ原動力になっているのでしょう。

その辺を歩いているときも、誰かに見られていますから、服装も歩き方もあまりみっともない格好はできません。

私は腰痛がひどくて、医者にかかっています。先生からは、これ以上腰に負担をかけないために、「農作業をするように腰を前に深く曲げたままで歩

くのが一番ラクですよ」とアドバイスされました。でも、役者・仲代達矢としては、いくらなんでも人前でそんな歩き方をするわけにはいかないのです。若い頃から役者修業の一つとして、背筋を15センチ伸ばせと教えられてきました。腰の上の辺りの背骨をピーンと伸ばすことです。稽古のときも、芝居をしているときも、寝ているときもそうするようにと。今、私が実際の年齢よりも若く見られるとしたら、こうして鍛えた姿勢のよさのおかげです。

いくらラクだとしても、腰を曲げて歩くなんて……。どんなに腰が痛くても、つらくても、背筋はビシッと伸ばして歩きます。

23歳のときにゴーゴリの「死せる魂」の舞台で、八十何歳かの役をやったことがあります。先輩から「80歳の老人はこうしゃべるんだ」と、ふがふがしたよく聞き取れないセリフ回しを教えられ、そんなものかと思っていました。自分自身が80歳を超えてそんなしゃべり方をしないことはわかったのですが、油断は禁物です。そこで、きちんとしたしゃべり方、若々しい声を出すことを心掛けることにしました。

そのために必ず実践しているのは、毎晩寝る前に行う50～100回の腹式呼吸と、新聞を声に出して滑舌よく読み上げること。声帯は年を重ねるに従って委縮し、声がかすれたり低くなったりしますから、のどを鍛えて老化のスピードを遅らせようというものです。

役者にとって必要なことは、一声二振り、三姿といわれ、声が一番大事だとされています。人を一番印象づけるのは声ですから、声を若く保つことは大切です。

「見栄を張る」にはマイナスのイメージもありますが、元気でいるためにも、若さを保つためにも適度な見栄は張った方がいい。私は常にそう考えて、今日も舞台の上で大いなる見栄を張り続けています。

（「ハルメク」２０１７年12月号）

生涯修業、さびを落として技を磨く

役者は生涯修業である。

これは私が主催する無名塾の原点です。文字どおり、プロの役者でやり通すには、死ぬまで修業を続けなければならない。無名塾は俳優の生涯修業の場であることを宣言した「修業覚書」が、立ち上げ当時からずっと稽古場に掲げてあります。

入塾して3年間、稽古漬けの厳しい修業ののち、出ていくのが「巡り修業」。その後、壁にぶつかったときは戻ってきて、無名になったつもりで初心に立ち戻るのが「帰り修業」。役者としての仕事の質を高めるには、それを繰り返す必要があると考えています。

世阿弥《ぜあみ》が残した言葉の一つに「初心忘るべからず」があります。有名な言葉ですが、世阿弥の言う「初心」は、何も最初だけに限っているわけではありません。人生の中には何度か初心があり、そこに立ち返ることを忘れてはならないというのです。

役者が年を重ねていくと、時に「名優」などと呼ばれ、まるで完成したかのようにいわれます。これはとんでもないことで、年を取った分、体力も記憶力も、反射神経も弱っていますから、実は若いときの何倍も努力しなければ、やっていけないのです。確かにいろいろな役を経験していますから、役者としての「引き出し」は増えています。でも、それまで全くやったことのない役に挑戦するなら、新人と同じ。そこを自分の引き出しだけでやろうとしたら、つまらない演技になるのは目に見えています。

新人よりもセリフ回しはうまくても、「鮮度」では到底かなわない。だからこそベテランは、常にさび付いたものを落として、技を磨いていかなければなりません。

新人はきっちり修業を積むという役者道があるならば、最近はちょっと外れがちだなと感じています。今はついこの間までモデルをやっていたような子が、主役でポンと出てくる時代です。でも、その子が次の作品もちゃんとやれるかといったらそうは続かない。使う側のプロデューサーやディレクターは目の前の作品しか考えないから、いつしか「そういえば、あの子、最近見なくなったわね」で終わりです。

そんなことのないよう、次世代に役者の生涯修業はこういうものだと伝えたい。無名塾を始めて40年間、その思いで塾生をプロの役者にするため、努力をしてきました。かく言う私も、いまだに彼らと一緒に机を並べている気持ちで、今もさらなる高みを目指しています。

私が毎晩寝る前に続けている腹式呼吸訓練も、日々の修業の一つです。鼻から息を吸っておなかを膨らませて止め、2、3秒おいて、口からスーッと出す。これを100回。芝居の発声は地声ではなく、腹から出す声が基本で、日本の古典芸能もすべて腹式呼吸です。マイクでなくてもきちんと声を伝えるための訓練です。

ところが今は地声を使う人が多くなりました。テレビのようにマイクが顔の近くにあれば、地声でも通ります。以前、発声訓練ができていない子と映画で共演したときは、セリフがよく聞き取れなくて困りました。

私は芝居でも、映画、テレビでも発声方法を変えません。マイクがあるときは、ちょっと離せばいいだけなので。

本を読むことも大切な修業です。戯曲でもシナリオでも、作者の意図をまず感じること。演じる役は全体の中でどういう役割をするのか、将棋の駒なら何に当たるのかを考えます。役者はそれを体で表現していくわけです。小説を読んだらイメージを膨らませる。この役をやるなら、どういう顔つきか、どういうセリフの言い方か、どういう歩き方かまで推測していきます。

「生涯修業」は20年前に亡くなった女房の言葉です。女優をすっぱり辞めて、役者を客観的に見るようになった彼女は、いかに役者が大変で、ベテランほど勉強が必要であるかに気が付いた。そのときに生まれた言葉でした。

俳優は栄光と挫折の世界です。特に挫折感は生涯修業をしていないと、乗り越えがたいもの。「おれはベテランだ」なんて悠然としていては、いけないのです。

もしかしたら、「生涯修業」は、女房が私に宛てた言葉だったのかもしれませんね。

（「ハルメク」2016年7月号）

人間として
品よく生きることも大事。
若い役者に、
そう教えてきました。

「無名塾」は43年前、私と妻の二人三脚で始めました。
役者としても人間としてもすてきな子を育てようと
さまざまな障壁を乗り越え、大切に続けてきました。
公演を全国で待ってくださるみなさんもまた、
私にとって大切な同士です。

40年で200人、無名塾の卒業生たち

２０１６年は映画監督の小林正樹さん生誕１００年にあたり、国内外で記念の行事が続きました。小林監督の評価は海外で非常に高く、今回記念行事の一環でアメリカはニューヨークとコネチカット州のイエール大学で、小林映画の上映会と私の講演会が開かれました。

小林さんは私を見いだし、世に送り出してくれた監督です。「人間の條件」「切腹」など、素晴らしい作品に主演させていただきました。私にとって、人生の大恩人です。

私は無名塾から役者のタマゴを送り出してきました。「無名塾はたくさん

の人気俳優を輩出していますね」と言われます。無名塾を始めて40年、毎年5~6人の塾生を採っているのですから、200人余りが通り抜けていった勘定になります。でも、その全体数に比べたら、売れっ子になった役者の数なんて微々たるもの。卒業生がこの世界で生き延びる、ましてや俳優として成功するのは本当に難しいことだと実感しています。

1200名もの応募があった年もありました。それだけの狭き門をくぐってきて、役者としての基礎勉強を3年間やる中で、私たちがこれなら十分に役者としてやれると思った塾生ですら、役がつかないことがあります。うまいから売れるとは限らない。役者の世界は需要と供給で成り立ち、どんなに芝居がうまくても、常に運・不運がつきまといます。チャンスやきっかけがないと、なかなか役につくことができません。

そんな状態がいつまでも続いて食べていけず、やむなくこの世界から去っていく卒業生をたくさん見てきました。女性の中には結婚して家庭に入っててしまう人もいます。彼らの行く末が気になりますが、次の人生を実り多きものにしてほしいと願うばかりです。

役所広司《やくしょこうじ》や益岡徹《ますおかとおる》、若村麻由美《わかむらまゆみ》といった「売れっ子」たちは、もちろん彼らの努力や実力もありますが、幸運も味方してくれたといっていいでしょう。

役所は入塾試験で、最初はあまり目立ちませんでした。次の2次試験の課題は、どれだけ大きな声が出せるかを見るために、「山の中で遭難し、生死の境にいる。『お〜い！　誰かァ！』と思い切り叫べ」でした。これじゃあ絶対助からないなと思うくらい小さな声の者もいる中で、役所は絶叫するあまり失神。「おい、大丈夫か！」と、こちらが慌てました。入塾後も真面目に一生懸命やっていましたが、4〜5年はなかなか売れませんでした。

役所広司という芸名は、私が付けました。無名塾に来る前、彼は千代田区役所の土木工事課に勤めていたので「役所工事」がいいと考えたのですが、ザ・ドリフターズに仲本工事《なかもとこうじ》さんがいらっしゃるため、本名の広司のままにしました。彼は毎年夏になると、故郷の長崎県諫早《いさはや》市のスイカを手土産に、いきなりあいさつに来ます。今年は桃を持って現れました。

若村麻由美は2歳から日本舞踊を習っていたので、着物姿での立ち居振る舞いが見事でした。NHKの朝ドラ「はっさい先生」の主役になって、知られるようになりました。他の事務所に移りましたが、無名塾の能登公演「マクベス」に出てくれました。

最近人気急上昇中の滝藤賢一《たきとうけんいち》を初めて見たときの印象は「不思議な顔をしているな〜」。無名塾らしくないけれど、よく見たら喜劇性があって役者の血を持っている。無名塾に長く在籍して、私と一緒に芝居をしていました。ここを出て数年たってから、映画「クライマーズ・ハイ」で、注目を浴びるようになりました。

ときどき映画やテレビで卒業生たちと共演することがあります。そんなとき、演出家的な目や、先生の目で教え子を見る余裕はありません。自分のことで精いっぱい。役者と役者の真剣勝負です。教え子の方がうまかったら困るなという気持ちもありますが、現実にうまい演技を見せられると、「おお、ここまできたか」と、非常にうれしいものです。

無名塾を一緒に始めた女房の宮崎恭子が、塾生たちによく言っていました。「俳優として伸びなさい。人間的には品よく生きなさい。うまくなったからと、いい気になるようなことは、うちの出身者はやめてほしい」

卒業生に対するこの気持ちは、今も私も変わりません。

（「ハルメク」２０１６年12月号）

家のあちこちから出てきた妻の遺書

今年も6月27日が近づいてきました。妻・宮崎恭子の命日です。もう20年か……。ついこの間のような気がします。恭子と二人三脚で始めた「無名塾」は、今年（2015年）で40年になりました。

恭子のいた20年と恭子のいない20年。

無名塾はすてきな俳優を私たちの元から出したいという思いで始めた役者養成の私塾です。毎年厳しい入塾試験を経て、5～6人が入塾します。修業は3年間。費用はかかりません。

二人で始めたとはいえ、私には役者の仕事もありますから、大半を恭子が担っていました。恭子は塾生たちを「子どもたち」と呼び、まさに我が子に接するように、一人一人の個性をつかんで上手に指導していました。

そもそも人に教えるのは並大抵のことではありません。役者になる遺伝子があるなと見込んだ子を入塾させるのですが、そんな遺伝子だってそう簡単には見つからないのです。

アメリカのアクターズ・スタジオは、一流のハリウッド俳優を多数輩出している演劇学校ですが、校長のリー・ストラスバーグさんに会ったとき、「1年に5人入塾させ、その中の1人でもプロになってくれたらいい」と言ったら、こう返されました。「ミスター・ナカダイ、1年に1人ではなく、10年に1人ですよ」と。

無名塾には地方公演があります。稽古が大詰めになり、初日の1週間前くらいになると、恭子はやたらと役者を褒めまくりました。

「どうして、こんなによくなっちゃったのォ」なんて言われれば、そりゃあ誰だって自信をつけて、演技がさえわたるというものです。私の目から見ても、彼らは稽古場よりも本番の方が明らかによくなっていました。

恭子はすべての芝居を、客席の一番後ろに座って見ていました。若い俳優たちの演技をじっくり観察しては、その都度アドバイスを与えていく。それが彼女のやり方でした。

今でも公演のたびに一番後ろの席に目をやると、舞台を見つめる恭子の面影が浮かびます。

そんな恭子が亡くなってしまった。

抜け殻のようになった私は、無名塾をやめようと思いました。すると、家のあちこちから遺書が出てきたのです。恭子はすい臓がんだったのですが、私はそれを告げることができませんでした。それでも、自分の病状を察していたのでしょう。その遺書の中にこうありました。

「仲代さん、私は家にエレベーターを付けたとき、車いすが載るような寸法に注文しました。だからあなたは足腰がダメになって役者を辞めても、無名塾だけはお願いしますね」

無名塾は私の自宅にあります。稽古場を造ったとき、階上の自分たちの部屋に行くのに、恭子はエレベーターを設置しました。そのときはぜいたくだなと思ったのですが……。

大事なものがすっぽりと抜けてしまった虚《うつ》ろな日々、実は後を追いたいという気持ちが常にまとわりついていました。

そんな私を救ってくれたのはテレビ番組でした。恭子が亡くなって1年半くらいした頃、「ネシアの旅人」というドキュメンタリー番組に、案内役としての出演依頼があったのです。かつて日本にいた縄文人は弥生人に押され、大航海民族となって南太平洋の島々に出て行ったという仮説に基づいて、縄縄文人の旅を長期にわたって再現する番組です。

ロケには数か月かかります。周りに多大な迷惑をかけることを重々承知の上で、私はこの話に飛び付きました。

旅は想像以上に過酷でした。昔ながらの船に乗って、大海原に乗り出すと、荒れ狂う海のうねりと強風で、船は木の葉のようにもまれます。泳げない私は、「ああ、これで船がひっくり返れば、恭子のところへ行ける」と半ば念じるように、激しい揺れに耐えていました。

その後も南太平洋の国々をつなぎながら、旅は南米のチリまで続きました。さまざまな人たちが、大自然の中で懸命に生きていく姿を目の当たりにした旅。「世界はこんなに広い」と実感したとき、自殺願望は消えて、人生はまだまだやり直せるんだという気持ちが湧き上がってきました。

ようし、こうなったら、役者もやり、無名塾もやり、ぶっ倒れるまでやってやろう!

恭子の拍手が聞こえるようでした。


（「ハルメク」2015年7月号）

夢を詰め込んだ演劇堂が能登にできた！

無名塾では毎年、全国を回る舞台公演をしています。毎年その皮切りとなるのが「能登演劇堂」。能登半島の真ん中あたり、石川県七尾市中島町にある演劇専門の劇場です。

「なぜ能登が最初？」「なぜ能登に演劇専門劇場が？」と思われる方も多いでしょうね。これこそまさに「ご縁」のたまものです。

30年ほど前、たまたま能登半島を訪れた私と妻は、泊まった中島町の美しい自然や心温かい人たちに大感激。

「こんな静かな場所で芝居の稽古ができたら、どんなにいいだろうね」

が始まりでした。当時の無名塾の稽古場は狭く、舞台稽古には別の場所を借りていました。

町長さんから「お祭りの時期に、無名塾の合宿をしませんか」とのありがたいお誘いがあって、全員でお言葉に甘えることにしました。合宿は10年ほど続き、塾生たちは毎年町中の家にホームステイ。すっかり町に溶け込んで、酒を振る舞われたり、商店街を歩けばいろいろな物を頂戴したりと、まさに町と無名塾が一体化していきました。でも当初は、無名塾と聞いて「どこの学習塾が来たのかと思った」なんて笑い話もありました。

今でも中島町の人たちは無名塾の後援会を作って、能登から東京まで我々の芝居を見に来てくれます。ありがたいことです。

当時、地元の北國新聞の取材があり、私は「日本の劇場は音楽ホールばかりで、演劇専門劇場は少ない。しかもどんどん規模の大きいのが建てられている」と文化行政への不満をもらしました。音楽ホールで演劇をやればセリフが響いて聞きづらい。劇場の造りは、芝居か音楽かで違わせるべきだし、小さい劇場でなければ成り立たない芝居もあります。

「では、仲代さんの考える演劇専門劇場とはどういうものですか」と聞かれ、「まず矩形《くけい》であること」と答えました。欧米の演劇専門劇場はすべて矩形（長方形）です。真ん中を仕切って手前が客席、それと同じ奥行きが舞台。セリフがきちんと届き、全部の観客から舞台が見えます。我々の芝居はマイクを一切使わないから客席は1000人まで、できれば600人くらいがいいと話しました。そんなぜいたくな劇場は日本にありません。まさに「夢のような話」として話しました。

ところが中島町は、「それなら私たちでなんとか造りましょう」と手を挙げたのです。県の協力もありましたが、私は当初反対でした。いくら立派な劇場を建てても、わざわざ能登まで足を運んでくださるお客さまをどう確保するのか。ただですら劇場の観客動員数が減りつつある昨今、この地で長く劇場を続けていくのは容易なことではありません。

でも、計画はどんどん進んでいきます。

言い出しっぺの私が、舞台監修を引き受けることになり、よしこうなったらとばかりに若い設計士に徹底的に注文を付けて、図面を引かせました。毎年、無名塾の全国公演のスタートをここにすることも決まりました。

1995(平成7)年、ついに私がいまだに日本一だと自負している素晴らしい演劇専門劇場が中島町に完成しました。2009(平成21)年、シェークスピアの四大悲劇の一つ「マクベス」の無名塾公演では全国から3万5000人ものお客さまが集まり、地方再生として注目されました。

自慢の一つが、舞台後方の壁が左右に開いて、外の景色と舞台が一体となることです。「マクベス」では10頭の馬が〝野外舞台〟を駆け巡り、50人ものエキストラの人たちが木の枝を持って「森が動く」圧巻のシーンを演じました。世界広しといえども、これだけの荘厳な迫力の舞台が繰り広げられるの

舞台後方の壁が開くと野外舞台が登場する画期的装置。外の景色をそのまま借景として利用しています
（写真提供＝能登演劇堂）

は、この劇場をおいて他にありません。
北陸新幹線の開業で、アクセスがとても楽になりました。当初の私の懸念はどこへやら、「日本一の劇場」には、今日も芝居の醍醐味を堪能できる上質な空間が広がっています。

（「ハルメク」２０１５年10月号）

待っていてくれる、それがうれしくて

私が主催する無名塾は、創立当時から北海道、中部、近畿、九州にわたる旅公演を何か月もかけて行っています。芝居は毎年変わり、今回は「おれたちは天使じゃない」。昨年（２０１５年）10月31日の能登公演を皮切りに、4月29日まで合計１０５回の公演をこなします。

特に今年に入ってからは舞台が毎日のように続き、旅から旅への日々を送っています。道具や衣装などは11トントラックで運び、役者やスタッフ総勢28名は列車で移動。私も塾生たちと一緒の宿に泊まり、列車に揺られての旅を続けています。

しかし、いくら私たちが芝居をやりたくても、きちんと受け入れてくれる場所や人がいなければ、旅公演は成り立ちません。それを支えてくださるのが、日本の各地にある演劇鑑賞団体です。会員が会費を持ち寄り、運営する演劇鑑賞会で、その土地ごとに無名塾の公演を温かく迎えてくれます。

一般の興行と違い、観客は会員のみ。鑑賞会のある市を細かく回ることができ、芝居好きのみなさんが毎年私たちを待っていてくれるのが何よりもありがたい。

長旅がこたえ、たまの休演日にはひたすら寝ている私ですが、そんな方たちが待ち構える舞台に立てば役者のアドレナリンが大放出。若い塾生に交じって、元気いっぱい舞台の上を動き回っています。まさに客席と舞台が一体となって芝居を楽しむ。これぞ地方公演の醍醐味です。

1月12日から2月29日までは九州全県と下関の合計18か所を回り、43回の公演を行いました。北九州、佐賀、田川《たがわ》、直方《のおがた》、都城《みやこのじょう》、別府《べっぷ》、人吉《ひとよし》、諫早《いさはや》の他、最大の福岡市では2月10日から8日間の公演となりました。

福岡の演劇鑑賞会は「福岡市民劇場」で会員が7000人、九州全体の会員は3万5000人ほど。九州での鑑賞団体を束ねて、毎年公演スケジュールを組むだけでなく、時にプロデュースも手掛けてくださるのが、福岡市の川述《かわのべ》文男《ふみお》さんです。川述さんには昔、私が俳優座にいた頃から九州公演でお世話になっていましたが、無名塾を立ち上げてからは、「芝居は発表の場がないといけない」と、公演の場をつくってくださったのです。

それから続くこと40年。川述さんは御年90歳ですが、いまだにシャキッとした立ち姿や抜群の記憶力の持ち主で、83歳の私が「自分はまだまだだなァ」と感じてしまいます。

福岡では「お通し」といって、会員の方が次々に手料理を楽屋に届けてくださる習慣があります。もともとは昼、夜2回公演の合間に食べられるようにと、川述さんが役者を支えるために考えて始められたものですが、今は1

回公演でも届けてくださいます。多いときは、福岡ならではのがめ煮（筑前《ちくぜん》煮《に》）、コロッケ、おにぎり、サラダ、明太子、シチュー、唐揚げ、寿司、ケーキ、パン、そばなど、ざっと40～50種類もの料理が所狭しと楽屋前の大テーブルに並び、大迫力です。

私も塾生もこれが楽しみで、支度の合間にしっかり頂きエネルギーを補給。余ったら翌朝のごはんに持ち帰って、すべて平らげます。久しぶりの家庭料理はどれもおいしく、作り手の心遣いが身に染みます。

「塾生のみなさんのことを思い描きながら作るんですよ」の言葉がうれしく、しかも料理がダブらないようにちゃんと話し合っているというのですから、頭が下がります。

また、一般公演との違いの一つに、「席詰め」があります。座席は指定席ですが、芝居が始まる5分前のベルが鳴ると指定は解除され、空いている席に座っても構わないのです。解除を待つ人が列を作り、5分前のベルと同時に人波が動き、前の方の空席からきれいに埋まります。これも川述さんが考えた方法で、遅れて来た人が席の前を横切ることもなく、芝居の始まる緊張と期待を静かに迎えることができます。

次はいよいよ近畿地方での公演が控えています。劇場に足を運んでくださる方が減っている昨今、こういう演劇鑑賞団体の活動は、役者にとっては何よりありがたいことです。興味のある方は各地の演劇鑑賞団体に問い合わせてみてください。

次はそんな舞台でもお目にかかりましょう。

（「ハルメク」２０１６年５月号）

さて、どんなバトンタッチになりますか

これまで四十余年間、私は「無名塾」というバトンを持って懸命に走ってきました。そろそろ次のランナーにバトンを渡す時期です。しっかり託し、走り出す背に向かって叫びたい。

「転ぶなよ！　バトンを落とすなよ！」

しかし、どんな形でバトンタッチをすればいいのか。このところ頭を悩ませています。

周りにいる無名塾の次世代の人たちに引き継いでもらえるのが一番なのでしょう。無名塾をどういう集団にしたらいいのかを常に考えてきたので、理

想的なことを言えば、そんな私の思いをそのまま、あるいはそれ以上のものにしてくれる人に引き継いでもらえればありがたい。

そもそも無名塾は私塾です。演劇学校でも、劇団でもない。だから、無名塾の公演は当たるか当たらないかは別にして、私がやりたい芝居をやってきました。しかも女房が演出家で私が主役、周りは全部教え子。世界でも類を見ないそんな形で堂々とやってこられたのです。

でも、このやり方には演劇界からの反感もあったようで、始めて10年くらいはよくも悪くも演劇批評は書いてもらえず、賞とも無縁。石川県中島町の能登演劇堂は日本初の本格的な演劇専門劇場にもかかわらず、運営はなかなか軌道に乗りませんでした。

演劇集団の創始者は、自分がつくったのだからがんばらなくてはという思いを持ちますが、引き継いだ人はまた違う理想を掲げ、やり方を変えていくかもしれません。その点、伝統芸能の歌舞伎や能、狂言は400年かけて一つの型を、あらゆる役者が苦労して作り上げてきたもの。しかも世襲で、3歳から訓練をしますから、型はしっかり伝承されます。

新劇の歴史はたかだか100年ちょっと。世襲もなく、高校を出て入ってくるのが一番若いのですから、伝統芸能のようにすんなり引き継ぐようにはできていないのです。

無名塾を維持しながら、定期的に公演を続けていくのは大変なことです。第一、相当の金がかかります。日本では演劇文化に政治が手を貸してくれるとか、アメリカのようにどこか金持ちが寄付してくれるなんてことは全くありません。全部自前でやるしかない。

稽古場を造るのにも大きな借金をし、コツコツと長い間かけてようやく返済を終わらせたところです。そこまでして造った稽古場。それも、引き継いでもらいたい理由の一つです。もし無名塾をやめるなら、この稽古場はどうしたらいいのか。貸し稽古場にはしたくないし、堅牢なレンガ造りで、壊すのはあまりにもったいない。

「ビール園にしたらどうですか」

こんな冗談を言った者もいましたが、思わずうなずきたくなるほど風情のある建物です。

とはいえ、引き継ぐことばかりに目がいって、無名塾が形骸化して内容が伴わないものになるなら、いっそのことやめてしまっても仕方がないのかもしれません。

どう引き継ぐのか、引き継がないのか。今はハムレット的な気分です。

現在、無名塾公演で全国を回っている「おれたちは天使じゃない」はフランスのエスプリが効いたコメディーです。これまでのように私一人が主役を演じるのではなく、主役は囚人役の３人。役者それぞれの技量が問われる集団劇です。これがバトンタッチへの一つのステップになるのではないかと思っています。

今の塾生は自分たちだけで「秘演」という稽古場公演を立ち上げて取り組んでいます。自分たちでどうしていくか。何のためにやるか。無名塾の方針をどうするか。これもバトンタッチの一環になるかもしれません。

実は最初にバトンタッチを考えたのは20年も前のこと。女房が亡くなり、悲しみのどん底をはいずり回っていたときでした。二人三脚で主宰していた無名塾でしたから、一時はやめてしまおうと思ったこともありました。しかしその後、しんどい思いをすることがあっても無名塾は続いています。

さて、どんなバトンタッチになりますか。

（「ハルメク」2016年3月号）

自分の役割がよくわかってくる世代。果たすべき役割を全うすればいいのです。

役者として66年、長くやってきたものです。
これから先も、まだまだ挑戦していきますよ。
舞台や映像ではお見せできない、
私の役づくりの秘密や、
一緒に作品を作ってきた監督や俳優さんとの
ステキな思い出もご披露しましょう。

全セリフを書いて貼って読んで覚える

無名塾の舞台公演「おれたちは天使じゃない」が始まりました。セリフを覚えるのに1か月、立ち稽古に1か月、合わせて2か月の準備期間を経ての本番。能登を皮切りにこれから全国を回ります。

舞台はお客さまの前での一発勝負ですから、セリフは完璧に覚えなければなりません。

とはいえ、80歳を過ぎた私です。セリフはそう簡単には頭に入ってきてくれないのです。若い頃は現場で、「仲代君、これ覚えられる？」と渡された10行くらいのセリフを5分もあればすっかり覚えて、NGも出さずにすんなりやってのけたものです。今、それをやらされたらたまったものではありません。セリフを覚えるのには、若い頃の何十倍もの時間がかかります。

セリフで大事なのは「今、思いついたようにしゃべる」こと。相手のセリフを聞いて、「ああ、そうだ」と、さもその言葉から発想したように自然に返す。用意されたセリフを何回も何回も繰り返し覚えて自分のものにしてこそ、できるのです。下手な役者は、やっと覚えたセリフを、ただ口に「運んでいる」だけになりがちです。

セリフの覚え方は人それぞれ。覚えきれずカンニングペーパーに頼る人もいます。ある役者さんは、鍋物を食べるシーンでのセリフを白菜の白い部分に書いておいたら、仲居さん役の人がぱっとそれを鍋に入れてしまいました。「ああ、俺のセリフが!」と叫んだとか。それほど大変な思いをしています。

セリフがなければ役者はいい仕事だ、なんてぼやきたくもなります。いまだに台本が来ると、まずセリフの量をチェック。どれだけ多くても、覚えなければならないのですが。

私のセリフの覚え方は少し変わっています。

正月の書き初めに使うような大きな紙に、筆ペンでセリフを書いて壁一面に貼り、それを日がな繰り返し、繰り返し声に出して読んで、ひたすら頭にたたき込むのです。30歳くらいからやっている方法で、部屋に貼りきれなくてトイレの壁にまで貼ったことがありました。

かつて、うちのお手伝いさんが舞台を見に来て、あるシーンで「あ、トイレのセリフと同じだ！」と。そんな笑い話もありました。

最近では、「ワグナー」という名前が出にくかったので、「和具菜」と書いて、漢字の音で覚えるようにしました。これはなかなかいい方法で、外国の名前は覚えやすくなりました。若い頃はこんなこと、やらなかったんですけどね。

相手のセリフの言葉尻だけとらえて言うことはしませんから、相手のセリフまで覚えます。これは山田《やまだ》五十鈴《いすず》さんに教えてもらった方法で、今でもきっちり守っています。

セリフの言い回しを変更してもらったこともありません。

実は若い頃に一度、映画「人間の條件」の撮影中に山村聰《やまむらそう》さんとの場面で、「このセリフの語尾の『の』は『ね』でいいですか」と小林正樹監督に聞いて、聰さんからバチンと怒られたことがあります。

「作者っていうものは、ここを『ね』にするか『の』にするかで3年かけるんだぞ!」と。3年とは何ともオーバーですが、聰さんの考えはよくわかりましたので、それからは書かれたセリフどおりに、語尾まで一字一句きちんと言うことに徹しました。

どれだけきちんと覚えたつもりでも、舞台で間違えることがあります。

過去、最大の失敗は、無名塾で公演した「オイディプス王」というギリシャ悲劇の舞台でのこと。「母を犯し、父を殺し」と言うべきところを、「父を犯し、母を殺し」とやってしまいました。

しまった‼　と思った途端、その後のセリフ回しの早いこと、早いこと。お客さまの注意をそらそうと必死。あのセリフでは、芝居そのものの意味合いが変わってしまうので、冷や汗が噴き出しました。幸い、お客さまには気付かれなかったようですが、こういう場合は決して狼狽《ろうばい》してはいけません。言い直しもダメ。間違えても知らんふりして堂々とやる。

それが役者の腕の見せどころです。

（「ハルメク」2015年12月号）

「おれたちは天使じゃない」（2015年公演）の舞台袖で、出番直前の仲代さん（3人の中央）。

85歳の相棒はぬいぐるみのゴンちゃん

舞台のとき、私は自分の出番の直前までどうやって待っていると思いますか。昔、所属していた俳優座の先輩から「出番の30分前から舞台の脇でじっとして、気持ちを高めてから出ろ」と教わりました。

でも、そんなに時間をかけたら逆にくたびれるだろうし、暗い気分になりそうで、私向きではありません。

実は舞台の脇で、共演者たちとお芝居に全く関係ない話や冗談を言い合って、にぎやかにしています。そして、自分の出番になったら、一瞬で気持ちを切り替えて、スッと舞台に出ていくのです。私は本来内気で恥ずかしがり屋ですから、緊張をほぐすためにはこのやり方の方がうまくいく気がしています。

ただ、昔1回だけ、それで失敗したことがあります。

千田是也先生演出、東山《ひがしやま》千栄子《ちえこ》さん主演の芝居に出ていたのですが、共演していた宮崎恭子と例によって舞台脇で冗談を言い合っていました。当時、彼女とは恋愛中で、話が弾んだのでしょう、ふと見ると舞台がシーンとしています。「出《で》トチ」をやらかして、冷や汗が噴き出しました。出トチとは自分の出番に間に合わないことです。その後1年くらいは、みんなからいびられるはめになりました。

公演旅行に必ず連れて行くのがゴリラのぬいぐるみ「ゴンちゃん」です。85歳の私がぬいぐるみをかわいがるのはヘンでしょうか。

ゴンちゃんとの出合いは20年以上前。ニューヨークのエンパイヤ・ステートビルのお土産売り場には映画「キングコング」にちなんでゴリラのぬいぐるみがたくさん並んでいました。その中で1匹だけ、じーっと私を見つめていたのがゴンちゃんで、即購入。以来、我が子のようにかわいがっています。

兄弟を探してやろうと、次にエンパイヤ・ステートビルに行ったときに、たくさんのゴリラのぬいぐるみを見たのですが、ゴンちゃんほど素晴らしいゴリラはいませんでした。

ゴンちゃんはなんと言っても目がすごい。どこに置いても、たとえ部屋の隅に置いてもいつもしっかり私を見ています。私がゴンちゃんを見ると、目と目がスッと合うのが不思議な魅力です。一緒にいると励まされているのを感じ、心が落ち着きます。

昔、黒澤明監督に、「仲代君、君はどんな暗闇にいても目が光る。俳優に眼の光が欲しいときは目に光を当ててるけれど、君なら後ろに光があっても目が光る。だから、しょっちゅう君を使ったんだ」と、言われたことがあります。

これこそゴンちゃんと私の共通点です。

毎年ニューヨークにも連れて行き、里帰りさせています。抱いたまままお土産物売り場に行くと万引きしたように思われますから、カバンから首だけ出しての里帰りです。

舞台裏での小さな習慣はこんな感じなのですが、普段の生活でしている習慣は「人間観察」。

私は感性、あるいは五感で芝居をつくるタイプです。五感を高めるために人間観察と推測をやっています。面白い歩き方をしている人がいると「あれをどこかで使ってみよう」。電車で前にいる人を見ると「この人はどんな暮らしをしているのかな」と、身なりや雰囲気で推測。感性を動かし、ヒントを拾い上げることが芸の助けになっています。

そして私が今、毎朝必ずやっているのは、現在公演中の「肝っ玉おっ母と子供たち」の全セリフを、最初から最後まで、動きを想像しながら通してしゃべることです。休演の日も、移動で舞台がない日も必ず続けています。これは若い頃からの習慣で、私はぶきっちょな役者ですから、何の努力もしていないような涼しい顔をして、陰では人より多くやらないとダメなんです。

あ、バラしちゃいましたね。

（「ハルメク」2018年2月号）

旅公演でメークをする仲代さん。いつものようにメークのテーブルに置かれたゴンちゃんが、まさに「目を光らせて」見守っています。

なんてすごいんだシェークスピア

シェークスピアって古典だし、わかりにくいし、なんだかとっつきにくそう。そんな印象を持っていませんか。私もそうでした。

演劇学校に入って初めて「ハムレット」を読んだときの印象は、「王子のくせに死ぬの生きるのって、なんて大げさなんだ」

何しろこちらは戦中戦後の過酷な時代をまさに命がけで生き抜いてきた身。甘っちょろいハムレットには好感なんて持てません。

そんな私が初めて演じたシェークスピア作品が「ハムレット」でした。

1964（昭和39）年、31歳のときです。俳優座のシェークスピア生誕

400年記念公演で、演出は千田是也先生。東京・日比谷の日生劇場で1か月のロングランでした。

実は、最初に千田先生から提示されたのは「ロミオとジュリエット」でした。ところが「ロミオは10代。30過ぎた私じゃおかしいでしょ」と断ってしまいました。次に「じゃあ、ハムレットはどうだ」となったので、「うじうじしているハムレットなんて嫌いです」と。

まあ、なんと生意気で、いい度胸をしていたというか、無知だったというか。結局「いい加減にしろ！」と怒られ、ハムレットを演じることになりました。

それ以前に私は文学座の芥川比呂志《あくたがわひろし》さんが演じた憂愁の王子・ハムレットを見ていました。ところが千田先生が私に求めたのは、青春の狂いにとらわれた荒々しいハムレットでした。側近のポローニアスを殺して、血だらけのシャツのまま無我夢中で演じた舞台は評判を呼び、客席数1300の日生劇場は連日満員で翌年再演。大阪でも1か月の公演が行われました。

演じてみて驚きました。

「シェークスピアって本当に古典だろうか」

彼が大きなスケールで描くのは、愛憎、欲望、陰謀、矛盾、差別、そして死。人間の生きざまであり、すべてが現代の我々そのものです。どの作品も懐が深く、自らの立場に照らし合わせると多彩な教訓が引き出されます。だから非常に面白い。

芝居自体が難しいと感じるとすれば、役者を含めて、翻訳、演出の問題です。そもそも学者が翻訳した堅い言葉を役者がセリフとしてしゃべっても、なかなか普通の日本語としては聞こえません。

さらに英語なら2時間の作品を、翻訳どおりの日本語で上演すると3時間かかります。お客さまにきちんとわかるように早くしゃべるには、相当の修業が必要です。堅い翻訳調をいかに自然な語りで聞かせるか。これは役者としていい勉強になりました。

本来、日本人が翻訳劇を演じるのは非常に難しく、極端に言えば、西洋人が歌舞伎をやるようなものです。それでも我々の時代、演出家が求めたのは「とにかく西洋人になれ」。メークは西洋人風、髪もかつらは金がかかるから地毛を赤く染めて、歩き方まで西洋人になり切って演じていました。芝居を見たイギリス人に絶賛されたものです。努力はしっかり報われていたのでしょう。

ハムレットの後、私は次々とシェークスピア作品に挑戦しました。待ち望んだ「リチャード三世」の役が最初に来たのは41歳のとき。印象的だったのは3年後の「ジュリアス・シーザー」です。自らの演説で大衆を覆すアントニー役は痛快でした。

舞台にハプニングは付きものです。

「ウィンザーの陽気な女房たち」では、太っちょの主人公に扮するためにたっぷりの肉襦袢《じゅばん》を着ていました。ウィンザーの女房たちとやり合っているとき、肉襦袢で床が見えず舞台から転落。立ち上がれない私を共演者たちが助けに下りてきて、舞台に戻してくれました。

「ハムレット」の激しいフェンシングシーンでは、勢い余って剣が舞台から飛んでしまいました。幸い通路に落ちたので、急いで取りに行き、舞台に飛び乗って続きのシーンを。

どちらも肝を冷やしましたが、私も役者です、お客さまにはそういう演出だと思わせるほど自然な流れで芝居を続けました。

初めてシェークスピアを演じたのが、生誕400年のとき。そして今年は没後400年。この数字にも不思議な縁を感じています。

（「ハルメク」2016年10月号）

絶賛されたハムレットの脚のヒミツ

次のページにある色紙の絵は「ハムレット」を演じている私で、描いたのは妻の恭子です。恭子は私よりずっと売れっ子の女優でした。同じ俳優座の2年先輩で、最初の「共演」は恭子が主役で私は端役。それなのに「男にほれるようじゃ、女優はやってられないわ」と、結婚と同時に女優をすっぱりと辞め、私を支える側になりました。

その後は芝居の演出や脚本を手掛け、一緒に無名塾を主宰するなど、マルチな才能を発揮し、絵筆を取っては私の芝居の絵をたくさん描いてくれました。もともと絵描きを目指したほどの腕前ですから、下絵もなく、ささっと

1964(昭和39)年、東京・日生劇場の俳優座「ハムレット」初演。恭子さんが描いた色紙は100枚ほど残されています。添えられた字も味があって魅力的です。

描き上げるのです。

どうです、このハムレットの脚の線。一気に走らせた筆の勢いに、恭子の自信と達成感が見えるように思えるのです。

実は私、ハムレットに扮しタイツ姿で脚をそろえて立つと、内ももの間が開いてしまいます。日本人にありがちなO脚で、まるでカトンボのよう。りりしい王子ハムレットなら内ももがぴたりとくっつくはずが、O脚ではどうにもサマになりません。

「私に任せて！」

こういうときは恭子の独壇場です。彼女は当時、広く出回っていた「ハマフォーム」というマットレスを、私の脚の隙間を埋めるような形に薄く2枚カット。両内ももに当て、上からタイツを2枚はかせました。すると、なんと脚がぴたりと合い、O脚はたちまち解消。

さすがにみんなの前で堂々とマットレスを当てるのは気が引けるので、作業は毎回トイレでやっていましたが。このマットレスがよかったのは、どんなに動いても、ずれたり動きを妨げたりしなかったことです。すっかり外国人のような体形になった私のハムレットは大好評でした。

中でも傑作だったのは、この舞台を見たある女流作家が、「ご覧なさい。脚のラインがなんと素晴らしいことか」と褒めちぎっていたことでした。まさかマットレスが入っているとは思いもよらなかったに違いありません。まさに誰も気が付かない。実に器用な女房で、私の演技力だけではカバーできないことを、ちゃんとフォローしてくれたのです。

「どう？　私のおかげでこんなにかっこいいハムレットになったでしょ？」

してやったりの恭子の気持ちがこの絵に表れ、伸びやかな脚の線になり、外国人のような八頭身になったのか。

それにしてもこのハムレット、かっこよ過ぎですよね。

（「ハルメク」2015年5月号）

人生のあらゆることを映画が教えてくれた

終戦のとき、私は中学1年生。育ち盛りだったのに食べるものはなく、いつもおなかをすかせていました。

当時飢えていたのは食べ物だけではありません。本や映画にも飢えていました。そのため、戦時中は封じられていた洋画が戦後どっと入ってくるようになると、もう夢中です。もともと映画好きだった私のワクワク感は一気に駆り立てられました。

なんて面白いんだろう、なんて素晴らしい世界が広がっているんだろう。

食事代を削りに削ってお金を浮かせ、1年間で300本も見たこともありました。誰にも負けない数字だろうと思っていたら、今は亡き音楽家の武満《たけみつ》徹《とおる》さんは324本見たそう。いやはや、上には上がいるものです。

当時、映画は娯楽の王様でした。でも映画館は粗末で汚くて、いすは硬く、トイレ臭さが漂っているような場所。途中でフィルムが切れたりするアクシデントはしょっちゅうです。入館料は99円でした。

戦後、初めて見たのはアメリカ映画の「オーケストラの少女」。戦後1年くらいの頃でした。主役のディアナ・ダービンが非常にかわいらしく、洋画の世界の美しさに目を見張りました。この映画は戦前日本に入っていたけれど、戦争でそのままになり、戦後あらためて公開されたものの一つです。「大いなる幻影」は、高校生なのに5、6回見ました。捕虜を描いた作品には自分の戦争体験を重ね、反戦映画の存在を知りました。「嘆きのテレーズ」は不倫の話。当時はああいう映画を見るのがインテリだと思っていたのか、5、6回見ています。

その頃は映画にどれだけ心を躍らされても、自分が映画俳優になろうなんて思いもよりませんでした。何しろ恥ずかしがり屋ですから、人前で演技をするなんて、とてもとても。今の私からは想像できないでしょうね。

「波止場」を見たのは、俳優座養成所時代でした。主役のマーロン・ブランドがとにかくカッコいい。養成所仲間はみんな彼に憧れて、そのカッコよさを盗もうと、まねをしていました。周りは〝マーロン・ブランド〟だらけ。亡くなった宇津井健なんて、歩き方、しゃべり方、あごの引き方まで、実によく、まねをしていました。

私は小さい頃からコンプレックスのかたまりで、「波止場」の主人公が自分に近いというイメージもあって10回くらい見ました。監督はエリア・カザン。のちに監督が来日し、時代劇の撮影現場に訪ねてきてくれたときは、それはもう大感激でした。

マーロン・ブランドは後年「ゴッドファーザー」にも主演し、渋い演技を見せています。私は映画に心酔するあまり、亡くなった女房と一緒に、舞台になったイタリアのシシリー島まで足を運んだほどです。「荒野の決闘」を見たのは戦後わりとすぐでした。西部劇ですが、ヘンリー・フォンダの猫背でインテリっぽく歩く姿や、清潔感のあるところが魅力的でした。

私が黒澤明監督の映画「天国と地獄」（1963年）に出演したとき、黒澤監督からの注文は「ヘンリー・フォンダでやってね」。私もヘンリー・フォンダの映画は何度も見ていますから、イメージを持ちやすい指示でした。それでも、「ちょっとヘンリー・フォンダじゃないな。もう少しスッとやって」。そのうち「ヘンリー・フォンダにしては額が狭いな」ということで、撮影日にはいつも額の生え際をメークの人に剃られていました。

戦争中、アメリカはひたすら敵でした。鬼畜米英と呼び、「いざ来い、ニミッツ、マッカーサー、出てくりゃ地獄へ逆落とし」の時代です。でも、戦後欧米の外国映画に接し、見る目が変わり、世界が広がりました。

私が若い頃見た映画は「生きる」が基本的なテーマでした。ああいういい生き方もある。こういう生き方をまねしたいけれど、自分にできるものだろうか。生きる力や知恵、面白さなど、映画はたくさんのものを与えてくれ、そして考えさせてくれたのです。

私は「人生」を映画から学びました。

（「ハルメク」２０１７年1月号）

「自分は演技が下手」ずっとそう思っていた

映画が完成すると、関係者が集まって試写会が開かれます。若い頃の私は、主役であっても、この試写会には行きませんでした。

では、どこで見ていたと思いますか。

実は封切りの日に一人でそっと映画館へ行き、一番後ろでドキドキしながら上映を待っていました。観客の反応も気になります。

やがて映画が始まると、自分の演技を追いながらがく然とすると同時にどんどん落ち込んでいきました。

「下手くそだな〜。自分のイメージと全然違うじゃないか！」

我慢して最後まで見ますが、映画館を出ても恥ずかしさと嫌悪感で気持ちは沈みっ放し。食べ物がのどを通らないほどでした。

「眼技《がんぎ》」という言葉があります。文字どおり目の演技のことで、クローズアップのとき黒目をちょっと動かしただけで、役柄の気持ちを表現するものです。ここぞというときに使えば非常に効果的なのですが、使い過ぎると目玉だけがぎょろぎょろと目立ってしまいます。要はバランスの問題ですが、映画を見てバランスの悪さに気が付いたときは、これまた落ち込む原因になりました。

セリフ回しだけは舞台でさんざん鍛えられていたので、共演の映画俳優よりはずっとましでした。何しろ舞台俳優は、大ホールの一番後ろの観客まで、マイクなしでセリフを届けなければなりません。それもただ大声を出すのではなく、お客さまが初めて聞くセリフがきちんとわかるようにしゃべる訓練を積んでいます。

成瀬《なるせ》巳喜男《みきお》監督の映画撮影のとき、「セリフはうまく言わないで。うまく言うと、他の俳優に比べてすごく芝居くさくなるから」と頼まれたことがありました。「では、どう言えばいいんですか」と聞くと、「ただ普通に言って」。次の映画でももちろん一生懸命演じるのですが、同じことの繰り返し。

若い頃の私は、本当に自分は演技が下手なんだと思い続けていました。毎回こんなありさまですから、今までたくさんの映画に出演してきましたが、自分で満足できた作品は数えるほどしかありません。小林正樹監督の「切腹」（１９６２年）はその一つです。これは演出、スタッフ、共演者のすべてがよかった作品でした。同じ小林監督の「人間の條件」（１９５９年、61年）は、24歳から4年間かけて1部から6部まで撮ったので、長い時間をかけてよくやったなとは思います。

芝居の役者は、ビデオでも撮らない限り、自分が演じている姿を見ることができません。私も映画に出るようになって、初めて自分の後ろ姿や歩き姿を見ました。思っていたよりも「貧しい」感じに見えたのにはがっかりです。首筋のあたりは思わず「わ、そっくりだ！」と叫びそうになるくらい弟に似ていて、嫌になってしまいました。

しかし、自分の姿をあらゆる方向から見られたことは、芝居をやる上では大いに勉強になりました。

そんな私が年齢を重ねるにつれ、昔の映画を見直しても以前のように落ち込まなくなりました。役者の存在なんて大したことないことに気が付いたからです。

映画は、スタッフ、出演者全員が力を合わせて作り上げます。役者は将棋の駒の一つにすぎません。若い頃は自分一人で映画を背負っているつもりで、やたらと意気込んでいました。だから自分の演技だけが気になって仕方がなかった。「役者の役割」なんて考える余裕はありませんでした。

そういう目で映画を見ると、なんと私は作品全体の中で自分が果たすべき役割は果たしているではありませんか。

「結構、ちゃんとやっているじゃないか」とすら思えます。若き日に何度も落ち込んだのは一体何だったのでしょう。

年齢を重ねて、見方が変わった。

これに尽きます。80を過ぎた今は多少の諦めも含めて、無理やりがんばってもしょうがないという気持ちになっています。

それでも私はまだまだ仕事を続けますよ。すでに頭の中では来年の舞台のことをあれこれ考え始めました。


（「ハルメク」2016年11月号）

忘れられない昭和の女優さんたち

60年以上も役者をやっていますから、共演した女優さんたちは数えきれません。みなさん自己主張が強くて、きれい。風格があって、芝居にもそれぞれ自分のものを持っています。貴重なアドバイスをくれた、「先生」のような女優さんもたくさんいました。

成瀬巳喜男監督の映画「あらくれ」（1957年）で初めてお会いした高峰《たかみね》秀子《ひでこ》さんは、新劇役者の私に「新劇って大げさにやるから嫌い。新劇の人は映画を下に見ているでしょ。でもね、映画は新劇よりも難しいよ」と。「どこがですか」と尋ねると、「演劇は戯曲のとおりに初めから順にやっていくけど、映画はシーンごとにバラバラに撮るから、ラストシーンを初日に撮ることもある。自分の役の本筋を初めから計算しておかないと、気持ちをラストまで持っていけないの」

その後映画と芝居を並行して続けてきた私には、何よりもありがたい指針になりました。

山田五十鈴さんは、「自分のセリフを覚える前に、相手のセリフを覚えなさい」と教えてくださり、私はそれをずっと実践してきました。もっとも最近は年のせいで、自分のセリフを覚えるのが精いっぱいのありさまです。

当時私より年上の男優さんは戦争で亡くなった方が多く、その穴を埋めるために私は若い頃から映画に抜擢されました。そのため、相手役の女優さんはほとんどが年上。現場では緊張の連続でした。でもみなさん現場では厳しかったけれど、普段は親切で面倒見がよく、優しい人ばかりでした。

一番共演が長かったのは新珠《あらたま》三千代《みちよ》さんです。小林正樹監督の「人間の條件」で私が演じた主人公、日本兵・梶の女房役でした。作品は全6部構成で4年かけて撮影し、その後「怪談」（1964年）、「大菩薩《ぼさつ》峠」（1966年）でも共演しています。

「人間の條件」の第3部にこんなシーンがあります。戦地に向かう梶は面会に来た女房の美千子に、彼女の裸を目に焼き付けてから死んでいきたいから裸になって窓辺に立つように頼みます。小林監督のスゴイ演出なんですが、ここだけは代役の女性が素っ裸になって立ちました。

私が女性に近づきぐっと抱きしめると、指が彼女の肉に食い込みました。思いのほか太っていたのです。それを見た新珠さんは、「私はそんなに太っていないわ」とおかんむりの様子でした。ご自身が裸を嫌がられたために登場した代役だったのですが。

最大の恩人は、2017年5月に亡くなった月丘《つきおか》夢路《ゆめじ》さんです。私は俳優学校2年のとき、映画のオーディションに9回も落ちて、映画はダメだと諦めかけていました。当時、俳優座でイプセンの「幽霊」という芝居に出ていて、髪を金髪に染め、チョイ役で放送局にも出入りしていました。主演映画「火の鳥」（1956年）で相手役の青年を探していた月丘さんが、偶然放送局で私を見て「あの人、誰？」ということから映画に引っ張り込んでくださったのです。

原節子《はらせつこ》さんとは成瀬監督の「娘・妻・母」（1960年）という映画で共演しました。原さんの恋人役で、接吻シーンがあったのですが、原さんのマネジャーさんや周りの人たちからは、「絶対に唇をつけてはダメ！」と釘を刺されていました。カメラでうまく撮って、それらしく見せるというのです。ところが成瀬監督は、「仲代君、絶対に口をつけなきゃだめだよ」。「わァ、どうしよう」と困り果て、ご本人に相談すると、意外にも「ええ、いいわよ」。永遠の処女といわれていましたが、素顔は案外ざっくばらんな方でした。原さんと唇を合わせた俳優は、私だけだったと思います。

とりわけ印象的だった女優さんは、夏目雅子《なつめまさこ》さんです。女性としてもステキだったし、女優としてもいい。演技も人間性も素直で、「鬼龍院花子の生涯」（1982年）では五社英雄《ごしゃひでお》監督以下、スタッフ全員にかわいがられていました。この映画では私とのラブシーンがあったのですが、その前に「いざ、撮影のときにビックリなさらないように」と言って、胸にあった甲状腺の手術の縫合跡を見せてくれました。女優さんの秘めた仕事への意志みたいなものを感じて、スゴイ人だなと思いました。

私が俳優座に入団してすぐに出た舞台「森は生きている」の主演女優が、宮崎恭子でした。共演とは名ばかりで、私はセリフがたった2つしかない端役。でもその後、彼女は女優を辞め、私の人生の相手役を務めてくれました。一番忘れられない女優です。

（「ハルメク」2017年7月号）

個性豊か、愉快でステキな男友達

人生も役者も長くやっています。これまでたくさんの役者さんと知り合ってきました。

中でも非常に気が合って、楽しく付き合ったのは丹波《たんば》哲郎《てつろう》さんです。何本もの映画で共演しました。風格があって俳優として素晴らしいだけでなく、心霊研究でも知られ、自称「霊界の宣伝マン」。内気で暗い私とは対照的に、明るくマイペース。今思い出しても笑っちゃうような逸話にあふれた、とにかく愉快でステキな人でした。

彼は平気でウソを言ったり、とぼけたりするんですが、それがなぜか憎めない。逆に「え、どうしてウソだってわかった？」なんて聞いてくるくらいですから、あっけらかんとしたものです。

私は映画の撮影初日までに全セリフを完全に覚えて、台本なしで現場に入りますが、全くセリフを覚えてこないのが丹波さんです。撮影現場で1ページずつ台本をめくりながら覚えていました。

あるとき、全然違うセリフをしゃべり出したので、監督がNGを出したら、「あ、ページを2枚めくっちゃった」。周りはみんな大笑いですが、いかにも丹波さんらしいエピソードです。

「激動の昭和史 沖縄決戦」（1971年）という東宝映画を撮ったときのことです。監督は岡本喜八さんで、小林桂樹《こばやしけいじゅ》さん、丹波さん、私の3人の共演でした。東宝は9時スタートと言ったら、きちんと9時に「用意スタート！」と監督の第一声が発せられます。当然私たち出演者は全員8時半にはメイクも終えて、開始を待つわけです。

時間厳守の東宝なのに、丹波さんだけが来ません。岡本監督は「しょうがないな」と言いながら始めていました。ようやくお昼頃になって、丹波さんが「やあやあ、すまん、すまん」と悪びれた様子もなく、明るい表情で入って来ます。

それが2日、3日と続き、さすがに温厚な小林さんが怒って丹波さんを呼び出し、東宝は時間厳守だと注意したら、「あ、そうだったな〜。東映と間違えていた」。当時、丹波さんの仕事が多かった東映の京都撮影所では、撮影現場に早く行くのは下っ端の役者で、エライ役者ほど遅く来るというのが常でした。

「すまん、すまん。明日からちゃんと来るよ」と笑って謝り、翌日も遅刻。「いやー、すまん、すまん。混んでてね」なんて、何が混んでいたのかわからないことを平気で言います。

最終的にはちゃんと来るようになりましたが、周囲の目なんて全然気にせず、天性のボケぶりを発揮するわけです。だからといってケンカにはならず。そこが丹波さんの不思議な魅力で、私は大好きでした。

俳優の佐藤慶《さとうけい》は俳優座養成所の同期生で、いいことも悪いことも教わりました。彼はもともと俳優座の演出部にいたのですが、俳優になりたくて養成所に入ってきていました。だから最初から同期の中でもボス的存在だったのです。養成所時代は、声楽、バレエ、演劇史など、演技以外の授業も組まれていました。バレエのレッスンのためにはタイツを買わなければなりませんが、ニヒルな佐藤は「タイツをはくなら小牧《こまき》バレエ団に入ればいいんだ」。声楽の授業には、「声楽をやるなら芸大に行けばいいじゃないか」「役者になるのに、なんでこんな授業が必要なんだ」と言っては、サボるのです。もちろん、私も一緒になってサボりました。二人で酒を飲むと、佐藤が話すことは大体が社会に対する容赦のない批判。佐藤は常に先生格で、私はずいぶん影響を受け、役者根性も彼から習いました。でも、何より私を圧倒したのは芝居のうまさでした。

当時、俳優座の同期生にいたのは佐藤慶の他に田浦《たうら》正巳《まさみ》、佐藤《さとう》允《まこと》、中谷《なかたに》一郎《いちろう》、宇津井健ら。もうみんな亡くなってしまいました。

丹波さんもいません。

古い映画を一人で見ていると、懐かしい友が思い出とともに映し出され、その姿がいつしか涙でにじんできます。


（「ハルメク」2018年3月号）

俳優座時代の写真。上の写真の右から佐藤慶さん、仲代さん。下の写真の右から仲代さん、宇津井健さん（写真提供＝無名塾）

アメリカの若者はすごいことを聞くなァ

私は毎年のように海外の映画イベントや映画祭に招かれます。今回はアメリカのイエール大学に招待され、私が主演した映画の上映ののち、学生たちと3日間にわたって演劇・映画論について意見交換をしてきました。

これがまさに驚きの連続でした。

イエール大学があるコネチカット州ニューへイブンは、ニューヨークから車で1時間半。古風なヨーロッパの学生街といった佇まいです。イエール大学は超名門校で、クリントン夫妻やブッシュ親子の母校。演劇科はポール・ニューマン、メリル・ストリープ、ジョディ・フォスター、エリア・カザンなど、そうそうたる俳優や監督を輩出しています。

今回、私に声を掛けてくださったのが日本の映画史や映画文化に詳しいアーロン・ジェロー教授です。日本語がペラペラな上、日本最初の映画スターといわれた尾上松之助《おのえまつのすけ》から研究しているのですから、スゴイ人です。

この大学の演劇科の素晴らしさは、映画や演劇に関して広く深く学ぶだけの施設や資料が整っていることです。3万本の映画フィルムを所蔵し、2500本が日本映画だといわれています。学生たちはそれらを自由に見て、本当に熱心に勉強しています。

それを実感したのが、映画上映とその後の質疑応答でした。

映画は、武士道の不条理を描いた「切腹」（1962年、小林正樹監督）と、ちょっと風変わりなアクション・コメディー「殺人狂時代」（1967年、岡本喜八監督）を2日に分けて上映。600人入る学内の劇場は満員で、映画が終わると立ち上がって拍手喝采でした。その後、私とジェロー先生が登壇し「質問がある人は？」と聞くと、ほぼ全員の手がパッと挙がりました。日本で同じ状況だったら、せいぜい2、3人です。

質問は「三船敏郎さんは持ち味を生かした役ばかりだったが、仲代さんがあらゆる役をやってきたのはなぜですか」「映画『金環蝕』（1975年、山本《やまもと》薩夫《さつお》監督）はどういう気持ちで演じたのですか」「監督によって演出はどう違いますか」など、日本でも出ないような内容が続々と繰り出されます。

「すごいことを聞くなァ」

私の作品を何度も見なければ、あんなに細かい質問はできません。「切腹」を20回見たという学生や、私とやり取りするため日本語を勉強してきた学生もいて、舌を巻きました。

「役者にとって必要なものは何ですか」との質問に、「関節が柔らかいこと」と答えたら、「ええ!?」と意外さに会場がざわめきました。もっと精神的なことでも期待していたのでしょうか。遠目で見る舞台では役者の動きが大切で、それを支えるのがひざや腰なのです。

「アメリカでは年齢を重ねると役が来なくなるのに、仲代さんに仕事が来るのはなぜですか」という質問には、「ギャラが安いから」と返すと大爆笑でした。トム・クルーズさんなどは億単位のギャラをもらっていますから、比ぶべくもないのですが。

日本映画は、みなさんの想像以上に海外で高く評価されています。それは黒澤明、小林正樹、成瀬巳喜男など名だたる監督の作品が世界的に認められているからです。私はそういった監督の作品であらゆる役をこなしてきたので、海外でも知られる存在となりました。

スクリーンの中にいるナカダイが来る。それが会場を満席にし、終わった後もサイン攻め、写真攻めに。幸せな時間でした。

ニューヨークでは、ブロードウェイでミュージカルざんまい。なんと18本も見ました。「キャッツ」や「オペラ座の怪人」などのロングラン作品はもちろん、「アラジン」「マチルダ」「ビューティフル」など、新しい作品はどれも素晴らしく、十分に堪能しました。

アメリカの芝居を見て、つくづく感じるのは役者のレベルの高さです。彼らはちょっとでも気を抜けば、別な役者に代えられますから毎日必死。バックダンサーに至るまで、まさに命懸けでやっています。

東京からニューヨークまで13時間の移動は体にこたえ、ニューヨークの街を心躍らせながら歩き回ったため、腰痛がひどくなりました。駆け込んだ先はブロードウェイの役者も診《み》ている中国人鍼灸師。私に鍼を打ちながら、「まだまだ現役の体だね」と太鼓判を押してくれました。

（「ハルメク」2017年4月号）

客席では自由に楽しく遠慮なくどうぞ！

ニューヨーク！　そう聞いただけでワクワクします。

私はさまざまな人種にあふれるあの街の風情が大好きで、毎年のように出掛けています。まさに「人種のるつぼ」に自分も溶け込んで歩く。あの雑踏が何とも心地よいのです。

それ以上に魅力的なのが、ブロードウェイの舞台です。タイムズ・スクエアを中心に集まる38件の劇場はすべて、連日立ち見が出るほどの大盛況。ミュージカルが多いのですが、普通の演劇も上演されています。これだけ人気があるのは、歌とダンス、ステージセット、衣装のどれを取っても超一流だからです。

まさにレベルが違う、役者のワザが違う、そして観客の反応が違います。その舞台をさまざまな人種の人たちが見つめます。つまり世界を相手にしているからレベルが高いのです。

日本の芝居は、中に込めたものを客にアピールするのが弱いような気がします。一人の演技だけが飛び抜けるのではなく、全体のバランスの方を大事にするせいでしょうか。

私は若い頃、俳優座の舞台に立っていましたが、「新劇はアンサンブルだ」と言われ、私だけ声が大きいことや演技が目立つことをよくいさめられたものでした。

ブロードウェイの芝居では、そんなアピールの強い役者同士がアンサンブルを組んでいるのですから、その強さは半端ではありません。それだけアピールをするのは、代役がいくらでもいるからです。調子が悪かったり、気を抜いたりしたら、すぐに代えられますから、誰もが必死です。

劇場近くのホテルに泊まっていると、すごくハンサムな男性がボーイとして働いているのを見掛けます。みんな俳優の予備軍です。「舞台に2年間出ていたけれど、次の作品のオーディションに受かるまではこのホテルで働いているんです」。アメリカではどんな売れっ子でも、芝居に出るにはオーディションに受からなければなりません。激しい競争の世界です。

ブロードウェイは俳優、演出、スタッフすべてが、観客を意識する活力にあふれています。観客もちゃんとそれを心得えていて、とにかくノリが素晴らしい。シャイな日本人にはなかなかできないことかもしれません。一流の舞台を見るのですから、楽しい場面、感動する場面がたくさんあります。ブロードウェイの観客はそんな気持ちを素直に自由に表しながら、心から舞台を楽しんでいます。

だいぶ前ですが、ブロードウェイでおとなしく芝居を見ていたら、隣の席の知らないおばさんに「あんた、一緒に手をたたきなさいよ！」とせっつかれたことがあります。余計なお世話だと思いましたが、周りを見渡して「そうか、舞台と客席は共同体なんだ」と気が付きました。拍手、歓声、驚嘆、笑い、スタンディング・オベーション。誰かが立つから自分も立つなんてことではなく、遠慮なくどんどんやっています。それは役者にとっても、何よりもうれしいことです。

さあて、次はいつニューヨークに行こうかな。12月で85歳になった私ですが、秘かにカレンダーを眺めております。

（「ハルメク」２０１８年１月号）

気持ちの若やいだ女性は魅力的です

「バリモア」（ウィリアム・ルース作）という一人芝居の稽古に入りました。実在の俳優ジョン・バリモアの晩年を描いた作品です。時折、自分とバリモアが重なって、「とても他人事《ひとごと》じゃないなー」と思えるシーンが出てきます。

初演は昨年（２０１４年）の秋でした。今回は7月4日から20日までの再演です。再演なら、稽古は簡単にやればいいかといえば、そうは問屋が卸さない。この年齢の私が1時間40分、一人で舞台に立つのですから、日々の感性を大事に仕上げていきます。

一人芝居は私にとって、まったく新しい挑戦です。「よくやるよね、80過ぎているのに」と言われたりもしますが、褒められるのが年齢というのもどうも複雑な気分です。

「仲代劇堂」は、劇堂とはいっても舞台はなく、無名塾の稽古場に客席用の椅子を並べ、その前で演じます。ですからこの芝居のお客さまは一日50人限定。自分で言うのもなんですが、そういう意味でも面白い芝居です。

いくつもの劇場で主演を務めてきましたが、私の芝居を見に来てくださる方の多くは50歳以上の女性です。

俳優座の舞台に出ていた若い頃、観客席は若いＯＬさんでいっぱいでした。「なんで男性客がいないんだ。最大の敵は野球とマージャンか」なんてボヤキも出るほどでした。いまだに必ず舞台を見に来てくださるありがたいファンもいらっしゃいます。

役者はお客さまと一緒に芝居を作っていることをご存じでしょうか。稽古の間ずっと、お客さまの反応があれば、「ああ、これでよかった」と安堵し、反応がなければ、またあれやこれやと思い悩む。お客さまによって日々の反応は違いますから、これまた悩ましいのです。でも、それが舞台の醍醐味でもあります。

「じわ」という言葉があります。最高の見せ場や絶妙の演技に、客席の空気が反応することです。特に悲劇を演じていると、お客さまがじわっときている手応えを感じます。観客の息が一瞬止まりそうになるのもわかります。

女性は反応が素直ですから、とてもありがたい。芝居に涙を流してくださっていれば、舞台の上からもわかります。客席の奥までは無理としても、手前側の席の様子はしっかりつかんでいます。

そう、私は芝居をしながら、常に客席を意識しているのです。観客の誰かが席を立てば「あ、帰るのかな、芝居が面白くないのかな」と不安に駆られ、戻ってくれれば「なんだ、トイレだったんだ」とホッとします。

「え、本当にそこまで客席を見ているの⁉」と驚かれるかもしれませんが、こんな余裕が持てるようになったのは50代になってからです。「ああ演技ってこういうものなんだ」と、密かにわかったのもこの時期。それまではただ一生懸命演じているだけでした。

女性がたくさん見に来てくださいますが、中でもすてきだなと思うのは、年を重ねることによるハンデを気にしない人、実年齢よりも20歳くらい若い気持ちを持っている人です。そのためには趣味でも何でもいいから、好きなことをやって豊かな気持ちを持ち、人には優しく、自分にはもっと優しくなることです。

つまり、自分の気持ちに素直になって、いい意味でわがままになってしまうこと。

先輩の山田五十鈴さんや高峰秀子さんは、素晴らしい女優さんたちでしたが、出たくない作品には出ませんでしたよ。いい意味でわがまま。そしてどこか謎めいた部分もあって、本当にすてきでした。

アメリカのブロードウェイでは、芝居を見に行く女性たちがきれいに着飾って繰り出します。だから劇場は内外ともとても華やかな雰囲気に包まれます。芝居を見るというイベント自体を、心から楽しんでいるのです。

みなさんもうんとおしゃれをして、たまにはご主人と腕を絡ませるくらいの華やいだ気分で、芝居を見にいらしてはいかがでしょうか。

（「ハルメク」２０１５年６月号）

仲代さんが主演してきた舞台のポスター。無名塾の稽古場に飾られています。

亡き妻の思いとともに反戦劇に挑む

今年（2017年）はお正月から自主稽古を始めました。セリフを頭にたたき込んでいます。10月14日から能登を皮切りに、翌年3～4月の東京まで、無名塾の芝居公演「肝っ玉おっ母と子供たち」（ブレヒト作）で全国を回ります。幕が開くまではまだ半年以上ありますが、なにしろ私は84歳。元気とはいえ、頭も体もだんだん聞き分けがなくなってきていますから、早く始めるに越したことはないのです。

この芝居の演出は隆巴《りゅうともえ》です。この名前を聞いて驚く人も少なくありません。隆巴とは21年前に亡くなった女房、宮崎恭子のペンネーム。なぜ彼女に今、演出ができるのでしょうか。

30年近く前、私が55歳のときに無名塾で「肝っ玉おっ母と子供たち」を上演しています。演出が隆巴。そのときの舞台の様子が、完璧なまでのビデオと演出ノートになって残っているからです。

彼女は「演劇は映画やテレビと違って、演技はその場限りのもの。それを映像化したい」ということで、公演のたびにその作品の綿密なビデオ撮影指示書を書き上げていました。

公演期間が終了すると、その後の数日間劇場を借り切って、私たちはビデオ撮影のために再度芝居を演じました。隆巴は8台のカメラを駆使して、役者一人一人の演技や舞台全体を撮らせました。そうして仕上げたビデオ作品は、まるで生の舞台を見ているようで、役者の細かい演技から音響、照明までとらえ、芝居の深みを引き出しています。

昨秋、これらビデオ作品の一般上映会を開き、「肝っ玉おっ母と子供たち」

も多くの方々に見ていただきました。ありがたいことにみなさん「とても30年前の作品と思えない」と、演出のレベルに驚き、まるで新しい芝居を見るようだと評価してくださいました。

さらに威力を発揮するのが、演出のたびにポイントをびっしり書いているノートです。彼女が「肝っ玉おっ母と子供たち」で使った台本は元の翻訳調のセリフを、翻訳者の許可を得て徹底的に書き換えてありました。役者の演技に対する細かい指示の書き込みが無数にあり、たくさんのメモも挟んであります。例えば、ろうあ者の娘役への指示には、しゃべれないけれど、こういうセリフを言っているつもりで演技をやるようにと、そのセリフまでがしっかり書き込んであります。

それらが残っているおかげで、30年前にやったものと同じ芝居ができるのです。

この作品は反戦劇です。でも、「戦争反対」を叫ぶ人は出てきません。主役の肝っ玉おっ母をはじめ、みんな戦争のおかげで食っている人ばかり。それがかえって見る人が戦争のむごさを判断する材料になっています。

「どこかで戦争はないか〜」と探し歩くおっ母の姿は現代も同じ。世界のどこかで戦争が起こっているし、戦争でもうけている人や企業があります。肝っ玉おっ母は世界のどこにでもいるのです。私は戦争を体験している世代ですから、そのむごさ、愚かさを今この作品で伝えていくつもりです。

30年前、隆巴は誰に肝っ玉おっ母を演じさせるか迷ったようです。おっ母は死の商人として戦場に出掛けて死人のポケットから何かを盗んだり、銃やかぶとを取り上げ、それを売りつけて延々と戦場を回ります。

たくましくなければならないということで、なんと「仲代さん、女役やってくれない？」。その代わり、女になったつもりにならなくていいと。女性の扮装はしましたが、女っぽくはやりませんでした。とはいえ、私が演じる初めての女役に、お客さまは大喜びでした。

55歳で演じたおっ母を、30年近くたった今、同じようにできるだろうか。そんな思いがまとわりつきます。もしかしたら、稽古や公演の途中で倒れるかもしれない。でも、失敗してもいいから挑もうと決めました。

能登演劇堂は舞台の後ろの壁が左右に開きます。戦争のシーンにこの装置を利用し、スペクタクルな展開にしていきます。そこだけは新たな演出ですから、まずは隆巴にお許しを願わなければなりませんが。

私の役者人生の締めくくりの一つに選んだのが、「女房と作る」この作品。供養のためにもぜひ成功させたいものです。

（「ハルメク」2017年3月号）

「老骨に残りし花」を咲かせていく

日々思ったこと、目指したこと、思い出したこと。

それらを「ハルメク」に毎号2ページずつ、つづってきました。私は舞台や映画では堂々と演技をしているように見えるでしょうが、生来の非常な恥ずかしがり屋。自身のことをさらけ出すのは得意ではありません。でも、2ページずつなら気持ちの負担も軽く、連載はいつの間にか3年間分となり、こんなステキな本にしていただきました。

この本の中で繰り返してきたことの一つは、もう二度と戦争をしてはならないという強い思いです。2015年8月号では、私が経験した山の手大空襲（昭和20年5月）の壮絶な体験談をお伝えしたところ（66ページ）、読者のみなさんから大きな反響があったと編集部から聞かされました。

今の政治家は戦争を知らない世代で、私は戦争には行っていませんが、戦争を知る最後の年代です。だからこそ、私たち経験者が戦争の恐ろしさや悲惨さ、不条理さを後世に伝え、戦争反対を声高に訴えなければなりません。私は反戦をテーマにした多くの作品に出演してきました。戦争で失うものはあまりに多く、一番被害を受けるのは庶民です。

終戦のとき、私は12歳。東京に住んでいたので、戦中は毎日のようにアメリカ軍のB29による空襲にさらされていました。新宿が空襲で丸焼けになり、真っ黒になった死体が山積みになったのも見ています。「ああ、今日は生き延びた」「明日はどうなるだろう」という日々を経験してきました。戦後も貧困と飢えは続き、食い扶持《ぶち》を役者に求めたのでした。

私が主演した映画「乱」(1985年)は戦国時代の話ですが、黒澤明監督は反戦劇として捉え、撮影後にこう言っていました。

「人間って、どうしようもないな。今も地球のどこかで戦争をやってるだろう」

無名塾で上演した「肝っ玉おっ母と子供たち」(1988年、2017年、2018年)も反戦劇ですが、声高に戦争反対を唱える人は出てきません。でも、戦場で商売をし、子どもを戦争で失っても戦場を進んでいくおっ母を、お客さまはどうご覧になったでしょう。

戦争の記憶がどんどん遠くなるにつれ、戦争を巡る話題に以前と変わった風が吹いているのが気になります。

もう一つ、この本にたびたび登場したのは女房の宮崎恭子でした。

22年前、人生でも仕事でも、最高のパートナーだった恭子に先立たれ、私は悲しみと寂しさのどん底に突き落とされました。それでも、なんとかここまで俳優として生きてこられたのは、彼女が遺してくれたたくさんのものが支えてくれたからです。それは無名塾であり、作品であり、私の老後まで気を配った気持ちでありと、切りがありません。

常に同じ方向を向いて支え、励ましてくれたからこそ、私はここまで役者を続けることができました。

無名塾の稽古場には、恭子が使っていたディレクターズチェアが今でも置かれ、塾生たちの稽古ぶりを見守っています。壁には、塾生たちと私の門人札が掛かっています。表は墨で、裏は朱墨で名前が書かれた木の名札で、稽古場に来ると自分で表にし、帰るときに裏返して赤い字を見せます。

これを表にすると、「さあ、これから稽古だぞ」と気持ちが引き締まり、ひっくり返すときは「お疲れさま、明日もがんばろう」

私の札は表を向けたままにしています。寝ても覚めてもひたすら芝居のことを考え続け、世阿弥の説く「老骨に残りし花」を咲かせていくことこそ、私の使命だと肝に銘じてきたからです。

そして、これからも。

最後に、雑誌「ハルメク」の連載でお世話になった柴本《しばもと》淑子《としこ》さん、佐々木《ささき》憲二《けんじ》さん、連載とこの本をまとめてくれた編集部に感謝を申し上げます。

2018年春

仲代達矢

無名塾
仲代達矢
渡邉翔
別所晋

仲代達矢（なかだい・たつや）

1932（昭和7）年、東京生まれ。52年、俳優座付属俳優養成所に4期生として入所。55年に同養成所を卒業し、俳優座入団。以降、舞台「ハムレット」「リチャード三世」「どん底」、映画「人間の條件」「切腹」「影武者」「乱」など多くの作品に出演。芸術選奨文部大臣賞、紀伊國屋演劇賞、読売演劇大賞をはじめ数々の賞を受賞。また、92年、フランス文化省から芸術文化勲章シュヴァリエ受章。
75年から俳優を養成する「無名塾」を亡き妻・宮崎恭子（女優、脚本家、演出家）と主宰。2007年、文化功労者。15年、文化勲章受章。16年、アメリカ映画芸術科学アカデミー会員、18年読売演劇大賞・芸術栄誉賞。

この本は、雑誌「ハルメク」に掲載された連載エッセイ「からだひとつ」をもとに、改題・加筆訂正・再構成をしたものです。年表示は2018年現在に基づいて一部修正しました。

からだひとつ　ここまで来たからもう一歩

2018年4月30日発行

著者　仲代達矢
発行人　宮澤孝夫
編集人　山岡朝子
編集　前田まき
構成　柴本淑子
撮影　中西裕人／篠塚ようこ／高倉勝士／益山潤
写真提供　無名塾
装丁　津嶋佐代子
発行所　株式会社ハルメク
〒162−0825 東京都新宿区神楽坂4−1−1
http://www.halmek.co.jp
電話03−3261−1301（大代表）

印刷　図書印刷

ISBN 978-4-908762-08-6